Laboratory Manual
to accompany
Deutsch: Na klar!

Laboratory Manual

to accompany

Deutsch: Na klar!
An Introductory German Course

Third Edition

Lida Daves-Schneider

Michael Büsges

Di Donato • Clyde • Vansant

Boston Burr Ridge, IL Dubuque, IA Madison, WI New York San Francisco St. Louis
Bangkok Bogotá Caracas Lisbon London Madrid
Mexico City Milan New Delhi Seoul Singapore Sydney Taipei Toronto

McGraw-Hill College

A Division of The McGraw·Hill Companies

This is an ⌐EBI book.

Laboratory Manual to accompany
Deutsch: Na klar! An Introductory German Course

2 3 4 5 6 7 8 9 0 CUS/CUS 9 3 2 1 0 9

ISBN 0-07-013708-0

Editor-in-Chief: Thalia Dorwick
Senior sponsoring editor: Leslie Hines
Development editors: Gregory Trauth and Paul Listen
Project manager: Terri Edwards
Production supervisor: Louis Swaim
Editorial assistants: Christine Kmet and Beatrice Wikander
Compositor: Eisner/Martin Typographics
Typeface: Palatino
Printer and binder: Edwards Brothers, Inc.

Grateful acknowledgment is made for use of the following material: **Page 4** WMF AG; BMW; ZDF; BASF Aktiengesellschaft; DAS; RTL; LTU International Airways; **8** *Süddeutsche Zeitung*; **17** Reprinted with permission of Barclays Bank, PLC, Barclaycard, Germany; **109** © Globus Infografik GmbH; **135** Tourist-Information und Kongress-Service Weimar; **140** Werner Fehlmann, Interlaken Photo & Druck; **178** *Familie Schuster*; **196–197** Reprinted with permission of Wohnungsbaugesellschaft Hellersdorf

http://www.mhhe.com

ontents

Preface

The *Laboratory Manual* to accompany **Deutsch: Na klar!,** Third Edition, includes a variety of activities designed to help students understand and produce authentic, natural German. In keeping with the philosophy of the main text, the *Laboratory Manual* makes available to students exercise types influenced by recent research in second language acquisition and retains exercises long used successfully in foreign language instruction. Thus, newer types of listening comprehension and speaking exercises—such as listening for sequences, listening for information, completing fill-in charts, information-gap activities, and realia-based activities—are found alongside transformation drills and synthetic exercises. In this Third Edition, the authors have continued to pay attention to contextualizing the more traditional types of exercises so that they reflect natural speech and realistic situations as much as possible.

The organization of the Third Edition of the *Laboratory Manual* conforms to that of the main text and has taken the many changes and additions to the main text into account. Each chapter in the *Laboratory Manual* is organized as follows:

Aussprache (Einführung–Kapitel 8). This section provides students with the opportunity to practice sounds in German that tend to be problematic for native speakers of English. The Einführung includes a brief look at word stress and vowel sounds in German; Kapitel 1–8 focus on specific vowel and consonant sounds and sound contrasts.

Alles klar? As in the main text, this section introduces the chapter theme with a piece of realia or art and focuses on global listening skills.

Wörter im Kontext. This section, divided into *Themen,* corresponds to the *Wörter im Kontext* section in the main text. The activities provide additional contextualized opportunities to learn and use the vocabulary from the text.

Grammatik im Kontext. This section ties together the vocabulary and grammar introduced in the chapter. The grammar topics are sequenced to follow those in the main text, so it is recommended that students do the activities soon after the material has been presented in class.

Sprache im Kontext. This section is intended to help students review vocabulary and grammar presented in the chapter and to offer additional practice in listening. In several chapters, the *Alles klar?* listening text is repeated with more in-depth activities than those used for global understanding at the beginning of the chapter.

The Audio Program to accompany *Deutsch: Na klar!* is now available on CD as well as cassette. Other changes include new and up-dated realia intended to spark interest in activities and stimulate student learning.

The authors feel strongly that the language laboratory component should be an extension of classroom work and that the maximum benefit of the program is attained when students are assisted by a lab instructor. Since lab instruction is often not possible, classroom instructors should familiarize themselves with the lab program, regularly check students' lab work, and incorporate lab activities into classroom discussion from time to time. Students should realize that the time allowed for responses on the recording is an editorial necessity and not an indication of how quickly one should be able to answer. Students should be encouraged to listen to texts as often as needed to complete the accompanying activity.

Acknowledgments

The authors would like to thank the following people for contributing their time, talents, and effort to the success of the *Laboratory Manual:* To Karl Schneider whose help expedited many of the revisions found in this new edition; to Charles James and the graduate instructors of the University of Wisconsin, Madison, for their helpful feedback; to Gregory Trauth, Robert Di Donato, and Paul Listen for their invaluable editorial suggestions and input; to Terri Edwards who expertly shepherded the manuscript through the production process; to David Sweet who obtained permission to reprint the authentic materials; to George Ulrich for his engaging illustrations; and to Irene Benison for her beautiful handwritten art.

Einführung

Aussprache

Übung 1 Word Stress

In German words, stress normally falls on the stem of the word, usually the first syllable. Listen to the following words and underline the stressed syllable.

guten Morgen

Nummer

Straße

kommen

Fräulein

Now listen to the words again and repeat them in the pauses provided.

Compounds composed of two or more nouns are very common in German. The first noun is stressed more strongly than the second. Listen to the following words and underline the stressed syllable.

Waldhaus

Hausnummer

Postleitzahl

Tenniskönigin

Kindergarten

Biergarten

Hallenbad

Now listen to the words again and repeat them in the pauses provided.

Word stress varies in words borrowed from other languages. Listen to the following words and underline the stressed syllable.

Hotel

Natur

Musik

Aktivität

fantastisch

miserabel

Now listen to the words again and repeat them in the pauses provided.

Übung 2 Vowels

Vowels in English tend to glide. While pronouncing one vowel sound, a speaker shifts to another. Pronounce the English words *say, see, bye, go,* and *you.* See if you can detect the glide. Now listen to these words pronounced on the recording. The pronunciation on the Audio program is Standard American English; therefore it may differ from your English, depending on the region of the United States or Canada you are from.

say	go
see	you
bye	

German vowels are pure; there is no glide to another vowel. Listen to the following German words and repeat them in the pauses provided. Along with the purity of the vowel sounds, note also the difference between long and short vowels.

Abend (long)	**wie** (long)	**gut** (long)
Adresse (short)	**bitte** (short)	**und** (short)
geht (long)	**so** (long)	
Bett (short)	**Otto** (short)	

Satzbeispiele. Listen to the following sentences and repeat them in the pauses provided. Pay attention to the pronunciation of the vowels. You will hear each sentence twice.

1. Die Adresse ist Adlerstraße acht.
2. Wie geht es dir? Schlecht!
3. Wie bitte? Wie ist Ihr Name?
4. Mein Name ist Viktor Siemens.
5. Woher kommst du? Ach so. Aus Oslo.
6. Guten Abend, Ute.

Hallo! Guten Tag! Herzlich willkommen!

Aktivität 1 Wir stellen uns vor!

A. Look at the map of the German-speaking countries on page 3. Listen carefully to the pronunciation of the cities on the map, repeating each one after the speaker. Circle each city as you pronounce it.

B. Now that you have located some major cities in the German-speaking countries, you will hear people from these cities introduce themselves and say where they are from. Write the name of the appropriate city next to each person's name.* You will hear each introduction twice.

Jakob Meier   _____*Zürich*_____   Jörg Fischer   _____

Herr Temmer   _____   Frau Kopmann   _____

Horst Daniels   _____   Antje Franke   _____

Inge Maaß   _____   Herr Krüger   _____

C. Assume that the persons who have given their first names are students. You might want to visit them in Europe, so confirm where they are from. Put a check by the city when you hear it named.

Sie hören: 1.
Sie fragen (*ask*):   Jakob, woher kommst du?
Sie hören: Ich komme aus Zürich. (*Check* Zürich *on the list.*)

1. Horst   2. Inge   3. Jörg   4. Antje

_____

*All written answers for activities throughout the *Laboratory Manual* can be found in the Answer Key at the end of the manual.

Aktivität 2 Miteinander bekannt werden° *Getting acquainted*

You will hear a series of words and names followed by a short conversation. First listen to the words and names listed below. Some of these occur in the conversation, others do not. Number the words and names in the order you hear them in the conversation. You will hear the conversation twice.

_____ Hallo   _____ Fräulein   _____ Name   _____ Lindemann

_____ Linda   _____ Tag   _____ Sie   _____ Berlin

_____ komme   _____ Bonn   _____ Frau   _____ Münster

Wie schreibt man das?

Aktivität 3 Das ABC

Each letter of the German alphabet is shown below with its phonetic pronunciation. The umlauted vowels and **Eszett** (ß) are also included. Repeat the letters in the pauses provided. Try to approximate the pronunciation on the recording as closely as possible.

a	[a:]	i	[i:]	q	[ku:]	y	[ʏpsɪlɔn]
b	[be:]	j	[jɔt]	r	[ɛr]	z	[tsɛt]
c	[tse:]	k	[ka:]	s	[ɛs]		
d	[de:]	l	[ɛl]	t	[te:]	ä	[ɛ:]
e	[e:]	m	[ɛm]	u	[u:]	ö	[ø:]
f	[ɛf]	n	[ɛn]	v	[fau]	ü	[y:]
g	[ge:]	o	[o:]	w	[ve:]	ß	[ɛs tsɛt]
h	[ha:]	p	[pe:]	x	[ɪks]		

Aktivität 4 Buchstaben sind wichtig!

Understanding letters of the alphabet is important, since abbreviations are often used in identifying companies and organizations. Below you see the abbreviations and logos for seven companies. Listen to some brief radio advertisements and number the abbreviations in the order you hear them (1–7).

Aktivität 5 Wie heißt das?

A. You will hear the spelling of familiar companies, people, and words from German-speaking countries. Write these names in the spaces provided.

1. _Volkswagen_ _____   6. _____

2. _____   7. _____

3. _____   8. _____

4. _____   9. _____

5. _____   10. _____

B. Now repeat the words after you hear them pronounced. Correct your written answers by checking the Answer Key at the end of the *Laboratory Manual*.

Aktivität 6 Abkürzungen

Below you see a map of Europe. Some countries are identified by their names and some by international abbreviations.

A. Listen for the missing abbreviation (**Abkürzung**) and write it in the oval. Each abbreviation will be given twice.

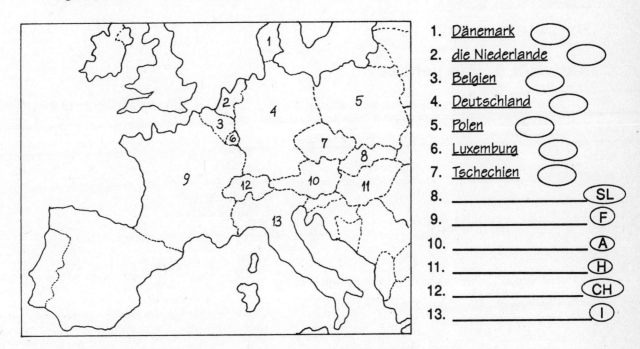

1. Dänemark ⬭
2. die Niederlande ⬭
3. Belgien ⬭
4. Deutschland ⬭
5. Polen ⬭
6. Luxemburg ⬭
7. Tschechien ⬭
8. _____ (SL)
9. _____ (F)
10. _____ (A)
11. _____ (H)
12. _____ (CH)
13. _____ (I)

B. Now ask for the missing names of countries. The information will be given twice.

Sie fragen: Wofür steht „SL"? (*What does "SL" stand for?*)
Sie hören: die Slowakei, S-L-O-W-A-K-E-I (*Write in „die Slowakei".*)

Hallo!—Mach's gut!

Aktivität 7 Guten Tag! Auf Wiedersehen!

You will hear six hellos and good-byes. Fill in the missing words as you hear them. You will hear each greeting twice.

1. Guten _____!

2. Also Kinder, _____ _____!

3. Auf _____, Herr Beckmann!

4. _____ _____, Klaus! Na, wie geht's?

5. _____ Inge, mach's gut!

6. Guten _____, Frau Althoff!

Na, wie geht's?

Aktivität 8 Wie geht's?

A. Listen to the following conversational exchanges and match the names of the speakers to the descriptions of how they are doing.

1. _____ Elke
2. _____ Tine
3. _____ Karl
4. _____ Herr Schröder
5. _____ Herr Sauer

   a. gut
   b. so lala
   c. sehr gut
   d. schlecht
   e. ausgezeichnet

B. Now respond when asked how each person is doing.

Sie hören: Wie geht's Karl?
Sie sagen: So lala.

1. ... 2. ... 3. ... 4. ... 5. ...

So zählt man auf Deutsch.

Aktivität 9 Zählen wir!

Repeat the numbers in the pauses provided.

A. Zero to ten:

null	sechs
eins	sieben
zwei	acht
drei	neun
vier	zehn
fünf	

B. Ten to twenty:

zehn	sechzehn
elf	siebzehn
zwölf	achtzehn
dreizehn	neunzehn
vierzehn	zwanzig
fünfzehn	

C. Twenty to thirty:

zwanzig	sechsundzwanzig
einundzwanzig	siebenundzwanzig
zweiundzwanzig	achtundzwanzig
dreiundzwanzig	neunundzwanzig
vierundzwanzig	dreißig
fünfundzwanzig	

D. Twenty to ninety:

zwanzig	sechzig
dreißig	siebzig
vierzig	achtzig
fünfzig	neunzig

E. One hundred to one thousand:

hundert	sechshundert
zweihundert	siebenhundert
dreihundert	achthundert
vierhundert	neunhundert
fünfhundert	tausend

F. One thousand to ten thousand:

tausend	sechstausend
zweitausend	siebentausend
dreitausend	achttausend
viertausend	neuntausend
fünftausend	zehntausend

Aktivität 10 Postleitzahlen

You will hear some zip codes used in several German cities. Each one will be read twice. Write the numbers in the spaces provided. Correct your written answers by checking the Answer Key at the end of the *Laboratory Manual*.

1. _____ Düsseldorf   4. _____ Bochum

2. _____ Darmstadt   5. _____ Konstanz

3. _____ Chemnitz   6. _____ Leipzig

Aktivität 11 Adressen

Complete the following street addresses with the numbers you hear. You will hear each address twice. Correct your written answers by checking the Answer Key at the end of the *Laboratory Manual*.

1. Königsplatz _____   5. Heidelberger Straße _____

2. Poststraße _____   6. Frankfurter Straße _____

3. Leopoldstraße _____   7. Moritzstraße _____

4. Neustraße _____

Aktivität 12 Temperaturen

Scan the temperatures for the European cities found on the map below. You will hear the temperature given for the cities listed below the map. Mark „Das stimmt" if the temperature you hear is correct or „Das stimmt nicht" if it's incorrect. (In Europe, temperature is measured with the Celsius scale; water freezes at 0 degrees and boils at 100 degrees.)

	DAS STIMMT	DAS STIMMT NICHT
1. Reykjavik	☐	☐
2. London	☐	☐
3. Lissabon	☐	☐
4. Hamburg	☐	☐
5. Stockholm	☐	☐
6. Dubrovnik	☐	☐
7. Luleå	☐	☐
8. München	☐	☐

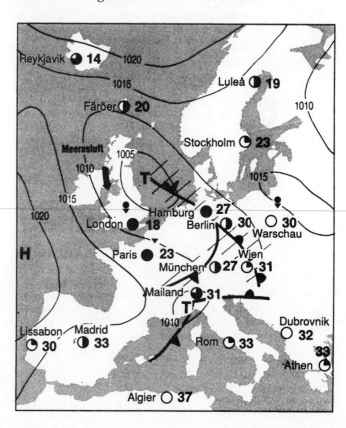

Aktivität 13 Wie ist die Telefonnummer? Wie ist die Adresse, bitte?

Look at the following listings. Stop the recording and underline the telephone numbers and circle the addresses. Start the recording again.

A. You will first be asked to give the telephone number for each listing. Repeat the correct response.

> Sie hören: Wie ist die Telefonnummer vom Hotel Schiff am See?
> Sie sagen: Die Nummer ist drei-eins-null-vier-eins (3 10 41).

Echter indianischer. Schmuck
handgearbeitet in Sterling-Silber

Indian Trading Post
Inh. Anne u. Holger Marten
Konviktstraße 10a / Münzgasse
Ausgang Schloßberggarage (F)
Telefon 0761 / 3 06 22

HOTEL SCHIFF am See

William-Graf-Platz 2
Konstanz-Staad, Tel. (0 75 31) 3 10 41

Regionale und Schweizer Spezialitäten
Moderne Zimmer · Lift · Parkplätze

Fremdenverkehrsamt
ODENWALD
Michelstädter Straße 12
Erbach/Odenwald
Telefon (0 60 62) 7 02 17

**Appartmenthaus Weingut
Peter Jos. Hauth**
Balduinstr. 1 / Tel.: 06531 / 2294 und 8809
Bernkastel-Kues

KUNSTSALON STRAETZ
Inh. KARL SCHROPP
● Haus für Kunst und Musik ●
Salzstraße 15,   Freiburg i. Br.
Telefon (07 61) 3 65 85

ORIGINAL DÄNISCHES
RESTAURANT

Kopenhagen

Kurfürstendamm 203
(Ecke Knesebeckstraße)
Telefon 8 81 62 19
Küche durchgehend bis 0.30 Uhr
Lieferung auch außer Haus

B. You will now be asked to complete the addresses with the street numbers. You will hear a confirmation of the addresses. Repeat them in the pauses provided.

> Sie hören: Die Adresse vom Indian Trading Post ist Konviktstraße . . .
> Sie sagen: 10a
> Sie hören: Konviktstraße 10a.

1. . . .   2. . . .   3. . . .   4. . . .   5. . . .

Nützliche Ausdrücke im Sprachkurs

Aktivität 14 Im Deutschkurs

You will hear four of the students pictured in the drawing below address their instructor. As you listen to each student, number the drawings from 1–4 and then write out what each student says on the corresponding line. You will hear each sentence twice.

1homework

1. _____

2. _____

3. _____

4. _____

Sie können schon etwas Deutsch!

Aktivität 15 Hören und Verstehen

You will hear some commercials and news items. You are not expected to understand everything you hear. Listen carefully and try to recognize words that sound familiar—for example, cognates, brand names, and proper names. As you listen, write the number of each announcement in front of the corresponding category. Some categories will have no numbers. You will hear each announcement twice.

_____ Astronomie	_____ Bank	_____ Automobil
_____ Sport	_____ Kosmetik	_____ Restaurant
_____ Film	_____ Video	_____ Musik

Wo spricht man Deutsch?

Aktivität 16 Die Länder

You will hear information about countries in which German is spoken. As you listen, indicate in which of these countries German is an official language, and in which of these countries German is spoken as a native language by a sizable minority of its inhabitants. You will hear the text twice.

	OFFICIAL LANGUAGE	SIZABLE MINORITY OF NATIVE SPEAKERS
Belgien	☐	☐
Dänemark	☐	☐
Deutschland	☐	☐
Frankreich	☐	☐
Italien	☐	☐
Liechtenstein	☐	☐
Luxemburg	☐	☐
Österreich	☐	☐
Polen	☐	☐
Rumänien	☐	☐
Russland	☐	☐
die Schweiz	☐	☐
Tschechien	☐	☐

Kapitel 1

Über mich und andere

Aussprache

The Vowels *a, e, i, o, u*

German has both long and short vowel sounds. Listen carefully to the words you hear and repeat them in the pauses provided.

Übung 1   The Vowel *a*

Long **a.** Listen and repeat.

Name	Vater
sagen	Zahlen
haben	Aachen
Abend	Aale

Short **a.** The short **a** is similar in sound quality to the long **a**, but it is much shorter. Listen and repeat.

Stadt	wann
Land	was
alt	das
Halle	man

Satzbeispiele. Listen to the following sentences, paying particular attention to long or short **a.** Circle all long **a** sounds.

1. Mein Name ist Anton.

2. Guten Abend, Antje.

3. Wandern macht Spaß.

4. Manfred wohnt in Aachen.

Now replay the sentences and repeat them in the pauses provided.

Übung 2 The Vowel e

Long **e.** To pronounce the long **e,** the lips should be open and drawn back. It is important that the jaw be held in place to avoid a glide. Listen and repeat.

Leben	zehn
Egon	See
Peter	Beet
gehen	den

Short **e.** With the short **e,** you will notice a difference in sound quality from the long **e.** Listen and repeat.

Eltern	Mensch
jetzt	Essen
Geld	Wetter
elf	gesellig

Satzbeispiele. Listen to the following sentences, paying particular attention to long or short **e.** Circle all short **e** sounds.

1. Erika findet das Essen gut.

2. Herr Lehmann geht Tee trinken.

3. Das Wetter in Celle ist heute schlecht.

4. Hat er viel Geld?

Now replay the sentences and repeat them in the pauses provided.

Übung 3 The Vowel i

Long **i.** Long **i** is pronounced like English long *e*, only without the off-glide. Listen and repeat.

Kino	die
Ida	sieben
prima	sie
ihn	spielen
ihm	

Note that **i** followed by an **e** is always long (**die, spielen**) and that **i** cannot be doubled.

Short **i.** Short **i** is pronounced like English short *i.* Listen and repeat.

Film	bitte
finden	Zimmer
Winter	in
Kinder	im

Satzbeispiele. Listen to the following sentences, paying particular attention to long or short **i.** Circle the short **i** sounds.

1. Ist das der Film von Wim Wenders?

2. Wie finden Sie die Schweiz?

3. Ich bin aus Finnland.

4. Wie geht es dir? —Prima!

Now replay the sentences and repeat them in the pauses provided.

Übung 4 The Vowel *o*

Long **o**. When you pronounce a long **o** sound, be sure to round your lips and keep them close together. Don't relax your jaw, or this will result in a glide that is the mark of an American accent. Listen and repeat.

Rom	Zoo
Oper	Boot
Rose	wo
wohnen	groß

Short **o**. The short **o** is not only shorter in length, it also has a slightly different sound quality than the long **o** since the lips are somewhat more relaxed. Listen and repeat.

oft	Orchester
Post	Gott
morgen	Bonn
Potsdam	kommen

Satzbeispiele. Listen to the following sentences, paying particular attention to long or short **o**. Circle the long **o** sounds.

1. Mein Wohnort ist Rom.

2. Lothar hat ein großes Auto.

3. Er geht oft zur Post.

4. Morgen kommt Frau Osterloh.

5. Herr Stock wohnt in Osnabrück.

Now replay the sentences and repeat them in the pauses provided.

Übung 5 The Vowel *u*

Long **u**. To pronounce the long **u**, the lips must be rounded even more so than when pronouncing the long **o**. Listen and repeat.

Beruf	gut
Bruder	nun
ruhig	Buch
Kuh	suchen

Note that **u**, like **i**, cannot be doubled.

Short **u**. The lips are relaxed slightly when pronouncing the short **u**, resulting in a slightly different sound quality than the long **u**. Listen and repeat.

Mutter	dumm
Nummer	und
null	jung
Butter	hundert

Satzbeispiele. Listen to the following sentences, paying particular attention to long or short **u**. Circle the short **u** sounds.

1. Meine Mutter ist sehr ruhig.

2. Mein Bruder besucht Freunde in Ulm.

3. Alles Gute zum Geburtstag, Helmut!

4. Das Kind ist gar nicht dumm.

5. Wie ist die Nummer? Zwei null sechs drei?

Now replay the sentences and repeat them in the pauses provided.

ZUSAMMENFASSUNG

The following pronunciation rules apply to long and short vowels:

Vowels are *long* when . . .

☐ followed by a single consonant: **L**e**ben**, **Br**u**der**, **Str**a**ße**

☐ followed by an **h**: **r**u**hig**, **w**o**hnen**, **ih**n

☐ doubled: **See**, **Zoo**

Note that . . .

☐ **h** between two vowels is not pronounced: **Schuhe**, **sehen**

☐ **i** followed by an **e** is always long: **die**, **spielen**

☐ **u** and **i** cannot be doubled

Vowels are *short* when . . .

☐ followed by two or more consonants: **Land**, **Geld**, **oft**

☐ followed by double consonants: **Mutter**, **Wetter**, **Halle**, **Adresse**

☐ followed by one consonant in short words used frequently: **bin**, **es**, **das**

According to the new German spelling rules . . .

☐ vowels are *short* when followed by **ss:** Adr**esse**, l**assen**, m**uss**, Schl**oss**

☐ vowels are *long* when followed by **ß:** Str**aße**, **aß**en, F**uß**, gr**oß**

Alles klar?

A. The credit card is popular in Germany and throughout Europe. Credit card applications require personal information. Below you see an application from Barclays Bank for Visa and MasterCard. You will hear some important words used in giving personal information. Find these words on the application and check them off as you hear them. Repeat them in the pauses provided.

Datum   Vorname
Geburtsdatum   Telefonnummer
Geburtsort   Unterschrift
Name

BARCLAYS

A N T R A G

Nur DM 80,– Jahresgebühr

BARCLAYS DOPPEL gleich anfordern

Bitte füllen Sie Ihren Antrag **vollständig** und in **Blockschrift** aus, damit wir ihn sofort bearbeiten können.

1	**Ihre persönlichen Angaben**	
Name: SCHÖSSER		Frau ☐ Herr ☒
Vorname: PATRICK	Titel: ——	
Straße/Nr.: Rheinallee 34		
neue PLZ/Ort: 5 5 1 1 8 Mainz		
Telefon: 06131 / 670722		
Hier wohnhaft seit: September /19 90		(Monat/Jahr)
Wenn weniger als 3 Jahre, frühere Anschrift: ——		
Straße/Nr.: ——		
PLZ/Ort: ——		
Geburtsdatum: 2. 11. 1970		
Geburtsort: Bitburg		
Staatsangehörigkeit: deutsch		
29.12.98 *Patrick Schösser*		
Datum Unterschrift		

B. Now you will hear a conversation between the applicant and a customer representative at Barclays Bank who is confirming that the information on the application is correct. While listening to the dialogue, compare the information you hear with the information you see in the application.

Wörter im Kontext

Persönliche Angaben

Aktivität 1 Wer sind diese Leute?

You will hear three people giving information about themselves. Circle the correct information in each category.

1. VORNAME: Marianne   Manuela   Monika

    NACHNAME: Burkert   Banner   Bänninger

    LAND: Australien   Österreich   Amerika

    GEBURTSORT: Wien   Linz   Linden

    WOHNORT: Ventura   Melk   Wien

    ALTER: 14   40   44

    BERUF: Journalistin   Kindergärtnerin   Chemikerin

2. VORNAME: Birgit   Beate   Barbara

    NACHNAME: Meier   Müller   Mahler

    LAND: Deutschland   England   Finnland

    GEBURTSORT: Düsseldorf   Dresden   Dortmund

    WOHNORT: Freiburg   Hamburg   Frankfurt

    ALTER: 53   35   15

    BERUF: Reporterin   Professorin   Schauspielerin

3. VORNAME: Christoph   Karl   Christian

    NACHNAME: Müller   Meier   Mahler

    LAND: Deutschland   Luxemburg   Schweiz

    GEBURTSORT: Heidelberg   Zürich   Mainz

    WOHNORT: Heidelberg   Mainz   Mannheim

    ALTER: 35   53   50

    BERUF: Reporter   Professor   Schauspieler

Aktivität 2   Wie alt ist sie? Wie groß ist er?

Look at the drawings below and answer the questions you hear. Repeat the correct answer.

Sie hören: Wie alt ist Jutta?
Sie sagen: Jutta ist neunzehn.
Sie hören: Wie groß ist sie?
Sie sagen: Sie ist eins vierundsechzig.

Jutta
Alter: 19
Größe: 1,64

Herr Metzger
Alter: 72
Größe: 1,60

Frau Stahlbaum
Alter: 48
Größe: 1,76

Herr Fröhlich
Alter: 54
Größe: 1,82

David
Alter: 25
Größe: 2,02

Sigrun
Alter: 34
Größe: 1,59

Thema 2

Sich erkundigen

Aktivität 3 Logisch oder unlogisch?

Listen to the brief conversational exchanges and indicate whether the response to each question or statement is logical or illogical.

	LOGISCH	UNLOGISCH
1.	☐	☐
2.	☐	☐
3.	☐	☐
4.	☐	☐
5.	☐	☐
6.	☐	☐

Aktivität 4 Der Quizmaster interviewt Kandidatin Nummer 1.

Inge Kaiser is a guest on the TV game show, „Glücksrad Fortuna." Using the cues in the drawing below, take the role of Inge Kaiser and answer the quizmaster's questions in complete sentences. Repeat the correct response.

Sie hören: Wie heißen Sie?
Sie sagen: Ich heiße Kaiser, Inge Kaiser.

1. ... 2. ... 3. ... 4. ... 5. ... 6. ...

Aktivität 5 Hin und her: Wer studiert was?

A. Look at the chart below and answer the questions about the students' majors. First you will hear the pronunciation of the majors listed. Repeat them in the pauses provided.

> Sie hören: Was studiert Andreas?
> Sie sagen: Andreas studiert Englisch.

Let's begin.

	ANDREAS	MARK	DORIS	STEFFI	MARINA	NIKO	FRANK	KAROLA	JÜRGEN	ANNE
Deutsch										
Englisch	X									
Geschichte						X				
Informatik										
Kunst								X		
Philosophie									X	
Politologie			X							
Russisch										
Spanisch										
Statistik		X								

B. Was studieren die anderen? When you hear the name of a student, ask what that student is majoring in. Repeat the response and mark the major in the chart.

> Sie hören: Doris
> Sie fragen: Was studiert Doris?
> Sie hören: Was studiert Doris? Sie studiert Politologie.
> Sie sagen: Also, Doris studiert Politologie.

Meine Eigenschaften

Aktivität 6 Wie bin ich? Wie soll mein Partner sein?

You will hear four people describe themselves and how their ideal partners should be. Circle the characteristics and hobbies in the chart below. Write in the characteristics their ideal partners should have. At the end of the activity, decide if any of these people are compatible.

	EIGENSCHAFTEN	HOBBIES UND INTERESSEN
Susanne	romantisch nett sympathisch ernst	Tanzen Bücher lesen Musik hören
Partner		
Monika	ruhig romantisch praktisch treu	Fotografieren Filme sehen Kochen
Partner		
Stefan	groß klein praktisch romantisch	Fotografieren Bücher lesen Zeitung lesen
Partner		
Heiko	freundlich lustig treu tolerant	Diskutieren Kochen Karten spielen
Partner		

Wer passt am besten zu wem? (Who is most compatible with whom?)

Ich finde, _____ passt am besten zu _____.

Aktivität 7 Partnersuche: Lückendiktat

In German-speaking countries, personal ads are a popular way to meet a potential partner. Listen to the personal ads you see below. Fill in the blanks with the missing words. Before you start the activity, review the vocabulary for characteristics, hobbies, and interests found on page 32 of the main text.

SPRACHTIPP

You may have noticed that adjectives that precede nouns have special endings (e.g., **Junger Professor sucht nette Frau).** In this activity, the endings have been provided for you. You will learn more about adjective endings later.

HÖRTIPP

Dictations will help you develop the connection between sound and spelling in German, and they will help develop note-taking skills, as well. You probably take dictation every day in your own language—writing down messages from your answering machine, for example. Before a dictation, stop the tape and read the text that is given. Try to make some logical guesses about what type of words have been omitted.

---

1. Hallo _____! Bin _____, suche _____e Frau, die mit mir

   _____ spielt.

2. Potsdamerin, _____, _____, 1, _____ m, sucht Partner bis _____

   für alles, was für zwei _____ _____.

3. Wünsche mir _____en Partner, zwischen _____

   und _____, der Basteln (*crafts*) so liebt wie ich.

4. _____er Berliner, _____, _____ groß, sucht

   _____e Frau, _____ bis _____ Jahre.

5. Er, _____, _____ m, sehr traurig (*sad*), sucht _____e und

   _____e Frau.

6. Sie, _____, _____ m, sucht _____en Partner, mit Interesse für

   _____, Kunst und _____.

Grammatik im Kontext

Nouns, Gender, and Definite Articles; Personal Pronouns

Übung 1 *Der, die, das; er, sie oder es?*

A. You will hear several brief conversational exchanges, each consisting of two sentences. Write the definite article you hear in the first sentence and the corresponding pronoun you hear in the second sentence. Remember the following correlations: **der = er; die = sie; das = es.** You will hear each exchange twice.

DEFINITE ARTICLE	PRONOUN		DEFINITE ARTICLE	PRONOUN
1. *die*	*sie*	4. _____	_____
2. _____	_____	5. _____	_____
3. _____	_____	6. _____	_____

B. You will now hear the questions from Part A one more time. Answer the questions, using a personal pronoun and the cues provided.

> Sie hören: Wie heißt die Schauspielerin im „Geisterhaus"?
> Sie sehen: Winona Ryder
> Sie sagen: Sie heißt Winona Ryder.

1. Winona Ryder
2. 67271
3. aus Weimar
4. schön
5. ausgezeichnet
6. nicht besonders gut

Übung 2 Dresden

Karin is telling about certain people in Dresden. Restate the information using pronouns. Repeat the correct response.

> Sie hören: Herr und Frau Adler besuchen Dresden.
> Sie sagen: Sie besuchen Dresden.

1. ...   2. ...   3. ...   4. ...   5. ...

Übung 3 *Du, ihr oder Sie?*

You are a reporter for your school's German newspaper. Four people introduce themselves to you. Find out their names and where they are from, using the appropriate form of *you*: **du, Sie,** or **ihr.**

Sie hören: Ich bin eine neue Studentin hier.
Sie fragen: Wie heißt du?
Sie hören: Ich heiße Claire Henri.
Sie fragen: Woher kommst du?
Sie hören: Ich komme aus Frankreich.

1. ...   2. ...   3. ...   4. ...

The Verb: Infinitive and Present Tense

Übung 4 Was sie machen

You will hear three short dialogues. Listen for each subject and verb and circle the combinations you hear.

1. A: wir besuchen   B: heiße ich

   A: sie geht   B: besucht ihr

   A: ich heiße   B: bleiben wir

2. A: macht er   B: wir studieren

   A: wir studieren   B: Uwe studiert

   A: macht ihr   B: ich mache

3. A: ich studiere   B: du findest

   A: wir studieren   B: ich studiere

   A: machst du   B: spielt er

Übung 5 Und du?

You and Heidi are talking about people you know. Heidi makes a statement about one person and then asks you a question about someone else. Respond by using the cues provided on the next page.

HÖRTIPP

In this exercise you are practicing verb endings. Before you begin, scan the subjects used in the exercise and think about which ending they require. Remember that **sein** and **heißen** are irregular. You have been given the subject and ending of the new sentence, so when you listen to Heidi's sentences on tape, concentrate on the verbs she uses.

Sie hören: Ich komme aus Erfurt. Und Barbara?
Sie sehen: Barbara / aus Halle
Sie sagen: Barbara kommt aus Halle.

1. Doris / im Grunewald
2. Hans und Franz / ihre Freunde
3. sie / Biologie

4. er / Schneider
5. wir / ruhig
6. ich / BMW

Word Order in Sentences

Übung 6 Unsere Pläne

A. Listen to Wolfgang talk about his activities. Match each of his activities with the time he mentions.

1. _____ heute

2. _____ heute Abend

3. _____ morgen

4. _____ nächstes Jahr

5. _____ manchmal

6. _____ oft

a. bei McDonald's essen
b. mit Freunden tanzen
c. für einen Englischkurs lesen
d. Robert in Heilbronn besuchen
e. Videospiele spielen
f. nach Sankt Petersburg reisen

B. Now say which activity you might do at a particular time. Answer by using the activities in the list above, but vary names and places according to your own personal preference. Remember that the word order in your statement will be (1) time element; (2) verb; (3) subject.

Sie hören: Und heute?
Sie sagen: Heute besuche ich Rebekah in New York.

1. . . .   2. . . .   3. . . .   4. . . .   5. . . .   6. . . .

Asking Questions

Übung 7 Wie bitte?

You are with a group of people who are speaking German, and you are having difficulty understanding them. Ask each person to repeat what he or she said. Use the following question words:

wie?   was?   wo?   woher?   wann?

Note the intonation and stress patterns of the questions.

Sie hören: Ich heiße Heinzelmann.
Sie sagen: Wie bitte, wie heißen Sie?
Sie hören: Heinzelmann.

1. . . .   2. . . .   3. . . .   4. . . .   5. . . .   6. . . .

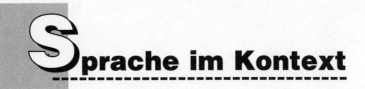

Sprache im Kontext

You will hear a dialogue between two people on the street. Patrick Schösser, the credit card applicant you met at the beginning of this chapter, unexpectedly meets an old friend. What do you think they might talk about?

A. Listen to the dialogue once and indicate which statements are correct (**Das stimmt**) or incorrect (**Das stimmt nicht**) or for which no information (**Keine Information**) is given.

But first, you will hear three new words:

Stipendium	*scholarship*
Praktikum	*internship*
Fete	*party*

	DAS STIMMT	DAS STIMMT NICHT	KEINE INFORMATION
1. Josef is studying German.	☐	☐	☐
2. Patrick is studying philosophy.	☐	☐	☐
3. Josef will be working in Frankfurt.	☐	☐	☐
4. Patrick is doing his internship in Mainz.	☐	☐	☐
5. Patrick invites Josef to a party.	☐	☐	☐
6. Josef declines the invitation.	☐	☐	☐

B. Replay the conversation. As you do so, take notes and try to identify the following facts.

1. The reason Josef is in Germany: _____

2. Where Josef is living in Mainz: _____

3. Where the party is: _____

4. What is going on at the party: _____

5. The name of the mutual friend who will be at the party: _____

Kapitel 2

Wie ich wohne

Aussprache

The Vowels ä, ö, ü

Three vowels (**a**, **o**, and **u**) can be umlauted. This means that they are written with two dots over them: **ä**, **ö**, and **ü**. The umlaut signals a distinct change in sound. German has both long and short umlauted vowels.

Übung 1 The Vowel ä

Long **ä**. The long **ä** is similar in sound to the long **e** as in *See, Leben,* or **gehen**. Listen and repeat.

Mädchen	Universität
erzählen	Qualität
Cäsar	Gespräch
Aktivität	täglich

Short **ä**. The short **ä** is similar in sound to the short **e** as in **essen**, *Ebbe,* or **kennen**. Listen and repeat.

hässlich	Dächer
Ausländer	ergänzen
Ärger	Plätze
nächste	

Now listen to the following contrasts and repeat.

Contrast: long **a** / long **ä**

Vater / Väter
Bad / Bäder
fahren / fährt
schlafen / schläft

Contrast: short **a** / short **ä**

> Pass / Pässe
> Platz / Plätze
> Land / Länder
> Mann / Männer
> Stadt / Städte

Satzbeispiele. Write in the missing **a** or **ä**.

1. Wir f____hren n____chstes J____hr n____ch ____ltst____tten.

2. H____ns f____hrt mit der B____hn nach B____sel.

3. Die Universit____t h____t ____chtzig Pl____tze für Ausl____nder.

4. Die ____dresse ist B____renstr____ße ____cht.

5. Die deutschen St____dte h____ben viele schöne G____rten.

Now replay the sentences and repeat them in the pauses provided.

Übung 2 The Vowel ö

Long **ö**. An easy way to learn to pronounce a long **ö** correctly is by saying a long **e**. Hold your tongue and your jaw securely in this position, and then round your lips as if you were saying a long **o**. Listen and repeat.

hören	Größe
möglich	schön
Österreich	möbliert
Möbel	persönlich

Short **ö**. To say a short **ö**, say a short **e**, and then round your lips. Your lips will be slightly more relaxed than when pronouncing a long **ö**. Listen and repeat.

zwölf	können
Wörter	Förster

Now listen to the following contrasts and repeat.

Contrast: long **o** / long **ö**

> groß / Größe
> tot / töten
> froh / fröhlich

Contrast: short **o** / short **ö**

> Wort / Wörter
> Kopf / Köpfe
> konnte / könnte

Satzbeispiele. Write in the missing **o** or **ö**.

1. D_____ris sucht eine W_____hnung—m_____bliert und m_____glichst zentrale Lage.

2. T_____ni fährt _____ft nach _____sterreich.

3. Das S_____fa ist sch_____n gr_____ß.

4. Wir h_____ren zw_____lf neue W_____rter.

5. Mein Mitbew_____hner ist immer fr_____hlich.

Now replay the sentences and repeat them in the pauses provided.

Übung 3 The Vowel *ü*

Long **ü**. Pronounce the long **ü** by saying a long **i** as in **sp*i*elen.** Holding your jaw and tongue in this position, round your lips as if you were pronouncing **u**. Listen and repeat.

Grüße	Stühle	Übung
über	Bücher	müde
natürlich	Tüte	

Short **ü**. To say a short **ü**, pronounce first a short **i** as in *ist*, then round your lips as if saying a short **u**. The lips will be slightly more relaxed than when pronouncing the long **ü**. Listen and repeat.

Stück	Glück	Küche
fünf	Wünsche	müssen
fünfzig	Nürnberg	

Now listen to the following contrasts and repeat.

Contrast: long **u** / long **ü**

Gruß / Grüße
Hut / Hüte
Buch / Bücher
Stuhl / Stühle

Contrast: short **u** / short **ü**

null / fünf
Mutter / Stück
Butter / Glück
hundert / Wünsche

Satzbeispiele. Write in the missing **u** or **ü**.

1. Wir brauchen noch f_____nf St_____ hle.

2. Die B_____tter ist in der K_____che.

3. Die St_____denten schlafen zwischen h_____nderttausend B_____chern.

4. Nat_____rlich s_____cht _____schi ein B_____ch f_____r ihre M_____tter.

5. Wann hast d_____ die Pr_____f_____ng? _____m zwei _____hr?

Now replay the sentences and repeat them in the pauses provided.

Übung 4 Diphthongs

German has three diphthongs: **au, ei/ai** (and two less common spelling variants **ey/ay**), and **eu/äu.** Remember that diphthongs in German are not drawn out as is often done in American English. Listen and repeat.

1. **au**

Frau	auf
Auto	faul
Traum	laufen
Haus	Bau

2. **ei / ai / ey / ay**

preiswert	fleißig
Leid	Meyer
kein	Mai
nein	Bayern

3. **äu / eu**

Fräulein	neun
läuft	Leute
Verkäufer	teuer
Häuser	heute

Satzbeispiele. Fill in the blanks with the words you hear.

1. Mein _____ ist sehr _____.

2. Die _____ kommen aus _____.

3. Die Studenten sind _____. Sie _____ jeden Tag

   viele Hausaufgaben.

4. Frau Schell _____ als _____ im

   _____.

5. _____ du morgens die _____?

Now replay the sentences and repeat them in the pauses provided.

Alles klar?

On page 51 of the main text you saw a flyer written by four students looking for an apartment. Below are some ads from a newspaper in Hannover for available apartments. First, stop the recording and scan the ads, concentrating on the vocabulary you already know and on cognates you can easily guess. Then listen to Petra tell about some friends who are looking for an apartment. Match the name of the person with the apartment that would best suit his or her needs. First repeat the following important words and names as you hear them.

Kirsten	zentrale Lage
Kochnische	Küche
Miete	Bad
Garage	Stefan
Marco	Michael
Mitbewohnerin	Dreizimmerwohnung
Zweizimmerwohnung	Belohnung

Studentenappartements

**Besichtigung
heute, 3. März 1999
14.30 bis 16 Uhr**

„Innerste Weg 12", Herrenhausen/Burg, Kochnische,[1] Duschbad, teilw. m. kl. Balkon, 18,48 m², 410,– DM mtl. zzgl. HK/NK, 3 MM Kaution.

STECKHAN, RDM–MAKLER

Hildesheimer Str. 48, ☎ 80 40 81

a. _____

Elgadsen/Zentrum, 2½ Zi., Kü., Bad, ca. 65 m², sof. frei, 800,– + NK/MS.
RT-Immobilien GmbH, ☎ (05 11) 85 10 13

b. _____

Kirchrode, 3 Zim., Küche, Bad, WC, Balkon, ca. 100 m², 1350,– + NK.
v. Wülfing Immobilien, ☎ 73 10 01

c. _____

Ahlem/Stollenweg [2]
4 Zi., Kü., Bad, Balkon, ca. 85 m² Wfl. - gute Ausstattung, Garage, sofort frei, Miete 1300,–/NK/MS.
Lindener Volksbank eG
- Immobilienabteilung - Herr Tamme
☎ (0 51 37) 70 51 31

d. _____

1. kleine Küche
2. 85 m² = 85 Quadratmeter
   = 85 *squure meters*

örter im Kontext

Auf Wohnungssuche

Aktivität 1 Wir suchen eine Wohnung.

Monika and Dieter are looking at ads for apartments. Cross out the information that is incorrect.

> BEISPIEL: Monika / ~~Dieter~~ . . . geht's nicht gut.

1. Monika sucht . . . ein Zimmer / eine Wohnung.
2. Monika und Dieter lesen . . . ein Buch / die Zeitung.
3. Eine Einzimmerwohnung kostet nur DM 450 Miete, aber sie ist zu . . . alt / klein.
4. Die Wohnung mit Garage und Sauna ist . . . preiswert / zu teuer.
5. Die Zweizimmerwohnung kostet nur . . . DM 560 / 650.
6. In der Anzeige für die Zweizimmerwohnung steht nur . . . die Telefonnummer / die Adresse.
7. Monika findet, Bahnhofstraße ist . . . keine / eine . . . gute Gegend.

Aktivität 2 Wohnungsangebote

Listen to the following hotline for available apartments, then fill out the chart below. If no information is given for a category, leave it blank.

Heute sind vier neue Wohnungen zu vermieten. Rufen Sie schnell an!

	MIETE	WIE VIELE ZIMMER	MÖBLIERT (Ja/Nein)	KÜCHE (Ja/Nein)	BAD (Ja/Nein)	TELEFON-NUMMER
1.						
2.						
3.						
4.						

Thema 2

Auf Möbelsuche im Kaufhaus

Aktivität 3 Ich brauche . . .

Markus is shopping for some items in a department store. Listen to his conversation with a salesperson. Indicate whether a statement is correct or incorrect. Correct the incorrect statements in the space provided.

	DAS STIMMT	DAS STIMMT NICHT
1. Markus sucht eine Lampe für seinen Schreibtisch.	☐	☐
2. Markus findet die Lampe aus Skandinavien schön.	☐	☐
3. Markus ist Architekt von Beruf.	☐	☐
4. Markus nimmt eine Lampe für DM 80.	☐	☐
5. Markus kauft eine Lampe und einen Stuhl.	☐	☐

Aktivität 4 Robert beschreibt sein Zimmer.

Listen to Robert describe his room. As you do so, fill in the missing words.

Ich habe _____[1] endlich ein _____[2] in einer

Wohngemeinschaft. Ein Glück. Mein Zimmer ist sehr _____,[3] aber

_____.[4] Im Zimmer ist ein _____[5] und ein

_____.[6] Ich habe auch ein _____[7]

und einen _____.[8] Ich brauche noch eine _____,[9] einen

_____[10] und einen _____.[11] Das Zimmer ist sehr

_____[12] und _____.[13] Es

_____[14] nur DM 225 pro Monat.

Was wir gern machen

Aktivität 5 Was macht Spaß? Und was machen diese Leute gern?

A. Scan the drawings below. You will hear a statement about a particular activity. After you hear each statement, look at the corresponding drawing and complete the sentence with the activity mentioned.

Sie hören: Wandern macht Spaß.
Sie schreiben: Marianne und Karl _wandern_ gern.

1. Marianne und Karl _____ gern.

2. Bettina _____ gern Briefe.

3. Steffi _____ gern Tennis.

4. Natalie _____ gern.

5. Klaus _____ gern.

6. Sebastian und Wolfgang _____ gern Musik.

7. Thomas _____ gern.

B. Now say if you like to do the same things these people like to do.

    Sie hören: Marianne und Karl wandern gern. Wandern Sie auch gern?
    Sie sagen: Ja, ich wandere gern.
       oder   Nein, ich wandere nicht gern.

    1. . . . 2. . . . 3. . . . 4. . . . 5. . . . 6. . . . 7. . . .

Aktivität 6 Hin und her

A. Was machen diese Leute gern? Look at the chart below. Answer questions about what the people like to do.

        Sie hören: Was macht Luise gern?
        Sie sagen: Luise liest gern.

Luise	liest gern
Herr Riecks	*hört gern Musik*
Robert	isst gern
Gerald	
Frau Benz	fährt gern Auto
Andreas	
Susanne	läuft gern
Frau Salloch	

B. Was machen die anderen gern? Now find out what the remaining people like to do. When you hear the name of the person, ask what he or she likes to do. Repeat the response and write the activity in the chart.

        Sie hören: Herr Riecks
        Sie fragen: Was macht Herr Riecks gern?
        Sie hören: Was macht Herr Riecks gern? Er hört gern Musik.
        Sie sagen: Herr Riecks hört gern Musik.

Grammatik im Kontext

The Plural of Nouns

Übung 1 Wie viele?

A. Frank needs a new apartment and tells you about one he has just looked at. Circle the response with the correct number of items as he mentions them.

1. a. ein Telefon   b. drei Telefone
2. a. drei Tische   b. zwei Tische
3. a. einen Stuhl   b. sechs Stühle
4. a. ein Sofa   b. zwei Sofas
5. a. zwei Sessel   b. drei Sessel
6. a. ein Bett   b. zwei Betten
7. a. vier Uhren   b. drei Uhren
8. a. fünf Teppiche   b. sechs Teppiche
9. a. ein Bücherregal   b. fünf Bücherregale

B. Now answer some questions about the furnishings in the apartment.

> Sie hören: Wie viele Telefone hat die Wohnung?
> Sie sagen: Die Wohnung hat drei Telefone.

> 1. . . .   2. . . .   3. . . .   4. . . .   5. . . .   6. . . .   7. . . .   8. . . .

C. Now look around you, and answer the following questions according to what you see.

> Sie hören: Hat das Zimmer einen Stuhl?
> Sie sagen: Das Zimmer hat [*zwanzig*] Stühle.

> 1. . . .   2. . . .   3. . . .   4. . . .   5. . . .   6. . . .   7. . . .

The Nominative and Accusative Cases

Übung 2 Katjas neue Wohnung

Katja has just moved into a new apartment.

A. Write down the room or object Katja mentions.

> Sie hören: Die Küche ist sehr praktisch.
> Sie schreiben: *die Küche*

1. _____
2. _____
3. _____
4. _____
5. _____

B. Listen to Katja's comments again and report what she says.

> Sie hören: Die Küche ist sehr praktisch.
> Sie sagen: Katja findet die Küche sehr praktisch.

HÖRTIPP

When you report what Katja says, the subject (**die Küche**) becomes the direct object in your sentence and is therefore in the accusative case. Remember: In the accusative **die** and **das** remain the same, but **der** changes to **den**.

Übung 3 Was brauchen diese Leute für ihr Zimmer?

In the first week of school, you notice that some people still need certain things for their dorm rooms or offices. Answer the questions, saying what the people need.

> Sie hören: Was braucht der Professor?
> Sie sagen: Der Professor braucht einen Computer.

1.

2.

3.

4.

5.

6.

The Verb *haben*

Übung 4 Ja oder nein?

Use the cues to answer the questions you hear.

> Sie hören: Kommt Jens heute Abend zur Party?
> Sie sehen: nein, keine Zeit
> Sie sagen: Nein, er hat keine Zeit.

1. nein, kein Geld
2. ja
3. nein, keine Lust
4. ja, Durst
5. nein, keinen Hunger
6. nein, keine Zeit

Übung 5 Im Kaufhaus

Listen to the following dialogue between a salesperson and a customer in a department store. Fill in the correct forms of the verbs *haben* and *sein*. You will hear the dialogue twice.

VERKÄUFER: Guten Tag.

KUNDE: Ich _____[1] eine neue Wohnung und brauche ein paar Dinge. _____[2] Sie Sofas?

VERKÄUFER: Natürlich. Wir _____[3] viele Sofas. Sie _____[4] preiswert und praktisch.

KUNDE: Das rote Sofa hier _____[5] schön.

VERKÄUFER: Ja. Und ich _____[6] auch noch einen bequemen Sessel.

KUNDE: Den finde ich nicht schön und er kostet zu viel. _____[7] Sie keine Fernseher?

VERKÄUFER: Nein. Fernseher _____[8] wir nicht.

KUNDE: Danke. Das _____[9] alles. Morgen komme ich wieder.

VERKÄUFER: Auf Wiedersehen.

Negation with *nicht* and the Negative Article *kein*

Übung 6 Sie haben das schon.

Say that the people mentioned do not need the indicated objects. Repeat the correct response.

>   Sie hören: Der Professor hat schon einen Computer.
>   Sie sagen: Er braucht also keinen Computer.

HÖRTIPP

Remember that **ein** and **kein** have the same endings.

---

1. ...   2. ...   3. ...   4. ...   5. ...   6. ...   7. ...

Verbs with Stem-vowel Changes

Übung 7 Wer macht das auch?

Axel is talking about people who do or like to do certain things. Say that the people indicated are doing or like to do the same things.

>   Sie hören: Petra isst gern Pizza.
>   Sie sehen: ich auch
>   Sie sagen: Ich esse auch gern Pizza.

1. wir auch
2. Hans auch
3. du auch
4. ich auch
5. Professor Wagner auch
6. Frau Fischer auch
7. mein Freund auch
8. er auch
9. Kai auch
10. Heidi auch

Demonstrative Pronouns

Übung 8 Das finde ich toll!

Say what you think about each of the items mentioned. Use demonstrative pronouns in your answer, paying particular attention to the intonation of the demonstrative pronoun.

> Sie hören: Wie findest du das Haus?
> Sie sehen: toll
> Sie sagen: Das finde ich toll.

1. interessant
2. langweilig
3. miserabel

4. sympathisch
5. ausgezeichnet
6. nicht besonders gut

HÖRTIPP

Remember that in the nominative and accusative cases, the demonstrative pronouns are identical to the corresponding definite articles.

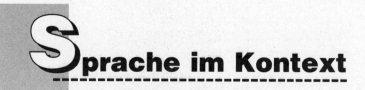

Sprache im Kontext

A. Listen again as Petra, whom you know from the Alles klar? section, talks about her friends who are looking for apartments. Using the chart on the next page, take notes about the size of the apartments, what each person needs or would like (**möchte, hätte gern**), the amount of rent each one is willing to pay, if a reward is offered, or any other information (**Sonstiges**).

	WIE GROSS	BRAUCHT/ MÖCHTE	MIETE	BELOHNUNG	SONSTIGES
Kirsten					
Marco					
Mitbewohnerin					
Stefan und Michael					

B. Petra has told her friends to call you for information about the apartments advertised in the Alles klar? section of this lab manual. Look at the ads again and answer questions of Petra's friends.

Kirsten: 1. _____   2. _____

   3. _____   4. _____

Marco: 1. _____   2. _____

   3. _____   4. _____

Mitbewohnerin von Petra: 1. _____   2. _____

   3. _____   4. _____

Michael: 1. _____   2. _____

   3. _____   4. _____

Kapitel 3

Familie und Freunde

Aussprache

Consonants and Consonant Combinations (Part 1)

The consonants **v, w, j**; consonant combinations **sch** and **th**; the consonants **r** and **l**

Übung 1   The Letter v

The letter **v** is usually pronounced like the letter *f* in English. Listen and repeat.

Vater	vielleicht
Vetter	vier
verstehen	Vorlesung
viel	voll

In words borrowed from other languages, the letter **v** is pronounced like the letter *v* in English, unless it is at the end of the word. Listen and repeat.

November	Venus
Villa	Vampir
violett	Vanille
Verb	Visum

Übung 2 The Letter w

The letter **w** is pronounced like the letter *v* in English. Listen and repeat.

wer   werden
wo   wünschen
wie   Wagen
was   Woche

Übung 3 The Letter j

The letter **j** is pronounced like the letter *y* in English. Listen and repeat.

ja   Jahr
Januar   jung
Juni   Julius
Juli   jetzt

Übung 4 The Consonant Combination sch

The consonant combination **sch** is similar to the pronunciation of *sh* in English. The lips protrude and are somewhat more rounded than in English. Listen and repeat.

Schwester   Geschwister
Schauspieler   Tisch
Schlüssel   Fisch
schlafen   Spanisch

Übung 5 The Consonant Combination th

The consonant combination **th** is pronounced like a *t*. Listen and repeat.

Theater   Bibliothek
Thomas   Mathematik
thema   Goethe
sympathisch   Thron

Satzbeispiele. Write in the missing consonants and consonant combinations **v, w, j, sch, th.**

1. Mein _____ater fährt einen neuen _____olks_____agen.

2. Frau _____agner _____ohnt _____etzt in _____eimar.

3. Unser _____etter _____ird nächste _____oche z_____anzig.

4. _____ürgen geht für ein _____ahr nach _____apan.

5. Seine _____wester hat den _____lüssel.

6. _____omas liest ein Buch über _____eologie in der Biblio_____ek.

Now replay the sentences and repeat them in the pauses provided.

Übung 6 The Consonant *r*

The consonant **r**. The German **r** is trilled (or rolled) either with the tip of the tongue in the front of the mouth or by making the uvula in the back of the mouth vibrate. This **r** is similar to the sound you make when you gargle. Compare the English *r* and the German **r**. Listen and repeat.

rock music / Rockmusik
Roxie / Roxie
Ronnie / Ronnie
rice / Reis

German **r**. Listen and repeat.

rufen	grün
rauchen	Zentrum
Brief	Herren
Freund	zurück

The **r** after a vowel at the end of a syllable or word is usually not trilled, or rolled, but pronounced with "**r** coloring." Listen and repeat.

Mutter	Mark
Verkäufer	Seminar
Uhr	möbliert
Tür	ihr

Übung 7 The Consonant *l*

The consonant **l**. English speakers usually pronounce an *l* from the back of the mouth with the tongue raised and the lips relaxed. When German speakers pronounce an **l**, the tongue is flat with the tip behind the upper front teeth. The lips are not relaxed. Listen to the difference between the English and the German **l**. Listen and repeat.

land / Land
learn / lernen
old / alt
false / falsch

German **l**. Listen and repeat.

laufen	Bild
leider	Enkel
Lehrer	viel
Film	April

Satzbeispiele: *r* und *l*. Listen and repeat.

1. Herr Rau braucht ein Radio und einen Regenschirm.
2. Renate hat ein großes Haus. Es hat eine Garage und einen großen Garten.
3. Dein Vater, deine Mutter, dein Bruder und deine Schwester gratulieren zum Geburtstag.
4. Wir möchten unseren Lehrer zum Familienfest einladen.
5. Wie lange bleiben wir in der Bibliothek?

Alles klar?

Eine sehr große Familie. The Bach family is famous for its many musical prodigies. Listen to C.P.E. Bach tell about his family members and check off the members of the family you hear him mention.

☐ die Großmutter
☐ der Großvater
☐ der Halbbruder
☐ die Halbschwester
☐ die Mutter
☐ der Onkel
☐ die Stiefmutter
☐ der Stiefvater
☐ die Tante
☐ der Vater

Wörter im Kontext

Thema 1

Ein Familienstammbaum

Aktivität 1 Dieters Familie

A. Listen to Dieter describe his family. Fill in each person's name on the family tree on the next page as you hear it mentioned.

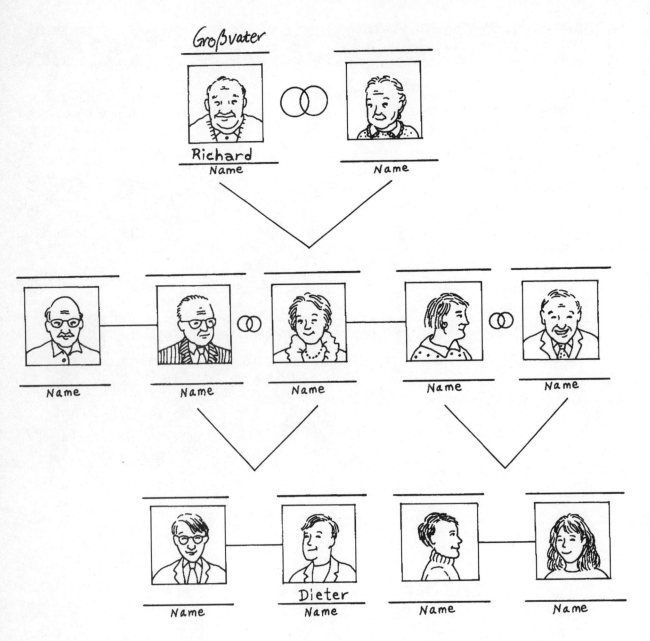

B. Now stop the recording, and fill in each person's relationship (**Vater, Mutter,** etc.) to Dieter.

C. Now replay the passage and listen to Dieter describe his family again. As you do so, complete the text.

Dieters _____[1] wohnen in Halle. Sein Vater ist_____[2]

und seine _____[3] ist Bibliothekarin. Dieter hat_____[4]

Schwestern. Seine Tante und sein Onkel _____[5] in Bremen. Der

_____[6] von seinem Vater ist _____*Architekt*_____.[7] Seine

_____[8] wohnen auch in Halle.

Aktivität 2 Familienverhältnisse

Indicate whether the following statements about family relationships are true or false.

	DAS STIMMT	DAS STIMMT NICHT
1.	☐	☐
2.	☐	☐
3.	☐	☐
4.	☐	☐
5.	☐	☐
6.	☐	☐
7.	☐	☐
8.	☐	☐

Thema 2

Der Kalender: Die Wochentage und die Monate

Aktivität 3 Hin und her

A. Heike is looking at her calendar for this week and reads what she has to do. Listen to Heike, and mark an *X* on the chart on the next page to show for which day she has planned each activity.

But first you will hear three new words.

eine Klausur	*test*
die Europäische Union	*European Union*
versäumen	*to miss*

	MONTAG	DIENSTAG	MITTWOCH	DONNERSTAG	FREITAG	SAMSTAG	SONNTAG
mit Oma ins Restaurant							
Theater							
Kaufhaus							
Klausur			X				
mit Andreas in der Bibliothek arbeiten							
bei Monika übernachten							
Rockkonzert							
Vorlesung							

B. Heike has not said what she plans to do on Friday, Saturday, and Sunday. Ask her what she is doing on those days. You will hear Heike confirm your question before she answers. After she answers, check the appropriate activity on the chart.

Sie hören: Freitag
Sie fragen: Was machst du am Freitag?
Sie hören: Was mache ich am Freitag? Am Freitag . . .

Aktivität 4 Jetzt sind Sie dran.

Stop the recording and write down what you are doing next week. Then listen to the questions and answer them.

1. Montag: _____

2. Dienstag: _____

3. Mittwoch: _____

4. Donnerstag: _____

5. Freitag: _____

6. Samstag: _____

7. Sonntag: _____

Aktivität 5 Geburtstage

Below is a list of famous people from German-speaking countries. Ask when each person's birthday is. After you hear the name of the month, repeat it and write it in the space provided.

Sie hören: Nummer 1
Sie fragen: Wann ist Beethovens Geburtstag?
Sie hören: Im Dezember.
Sie sagen: Im Dezember. (*Write this on the line provided.*)

1. Ludwig van Beethoven (Komponist)   _____

2. Johann Wolfgang von Goethe (Dichter)   _____

3. Wolfgang Amadeus Mozart (Komponist)   _____

4. Albert Einstein (Physiker)   _____

5. Rosa Luxemburg (Politikerin)   _____

6. Clara Schumann (Pianistin)   _____

7. Marlene Dietrich (Schauspielerin)   _____

8. Martin Luther (Theologe)   _____

Thema 3

Feste und Feiertage

Aktivität 6 So viele Feiertage!

Imagine that you are an exchange student living with the Schröder family in Georgenborn, a small town in Germany. The daughter, Marison, tells you about some important family celebrations.

A. How does the Schröder family celebrate? As you listen, match the activities to the appropriate celebration.

1. _____ Hochzeitstag der Eltern

2. _____ Großmutters Geburtstag

3. _____ Muttertag

4. _____ Onkels Geburtstag

5. _____ Vaters Geburtstag

6. _____ Kusines Konzert

a. Familienfest in Wiesbaden
b. Kaffee
c. wegfahren
d. Geburtstagstorte
e. Spaziergang

B. Replay the passage and listen again as Marison talks about her family. Match the dates and the celebrations.

1. _____ Hochzeitstag der Eltern

2. _____ Großmutters Geburtstag

3. _____ Muttertag

4. _____ Onkels Geburtstag

5. _____ Vaters Geburtstag

6. _____ Kusines Konzert

a. 28. Juli
b. 19. April
c. 2. September
d. 17. März
e. 8. Mai
f. 6. Juli

Aktivität 7 Feiertage

You are talking with a friend, about holidays in Germany. Look at the dates below and then answer the questions. Repeat the correct response.

Sie hören: Wann feiert man Neujahr?
Sie sagen: am ersten Januar

1. Januar—Neujahr
14. Februar—Valentinstag
3. Oktober—Tag der deutschen Einheit
1. November—Allerheiligen
6. Dezember—Nikolaustag
24. Dezember—Weihnachten

1. ...   2. ...   3. ...   4. ...   5. ...

Aktivität 8 Schöne Grüße aus Koblenz

Julia has just received a birthday letter from her cousin Ulrike Eichele in Koblenz. Listen as she reads the letter. Fill in the missing words as you hear them. You will hear the letter twice.

_____,[1] den 9. _____[2]

Liebe Julia!

Ich gratuliere dir zum _____[3] und _____[4] dir alles Liebe

und Gute für das kommende Jahr. Dein _____:[5] das Neuste über die

Familie Eichele. Meinen Brüdern geht es gut. _____[6] Wolfgang hat endlich

einen Studienplatz an der FU in Berlin bekommen. Er _____[7] Jura. Er braucht

aber keine _____.[8] Er bekommt die Wohnung von _____[9]

Kurt, der ja gerade in Mexiko ist. Und ich komme im _____[10] für ein Jahr als

Austauschschülerin nach Amerika. Im _____[11] will ich noch viele Freunde

und Verwandte _____.[12] Übrigens höre ich, dass im _____[13]

meine Kusine Larissa einen alten Schulfreund von Hans _____.[14] Das wird

bestimmt ein großes _____.[15] Schöne _____,[16] auch an

deinen _____[17] Mark, wünscht dir

deine Ulrike

Aktivität 9 Einladungen

You receive a telephone call from each of the people listed below. Accept or reject the invitation based on your own schedule. If you reject the invitation, give a reason for doing so. You will hear each invitation twice.

Sie hören: Wir fahren heute nach Weimar. Kommst du mit?
Sie sagen: Vielen Dank, ich komme gern.
oder Es tut mir Leid. Ich fahre zu meinen Eltern.

REDEMITTEL

Vielen Dank. Ich komme gern.

Es tut mir Leid.
  Ich habe keine Zeit.
  Ich muss lernen.
  Ich fahre nämlich nach (+ *place*). / zu (+ *person*).
  Ich habe kein Geld.

1. . . .   2. . . .   3. . . .   4. . . .   5. . . .   6. . . .

Grammatik im Kontext

Possessive Adjectives

Übung 1 Das hat mein Zimmer auch.

A. You and your friends agree that your apartments have some features in common. When you hear the sentence, write what is stated in the space provided. You will hear each statement twice.

Sie hören: Unsere Wohnung ist relativ preiswert.
Sie schreiben: *ist relativ preiswert*

1. _____
2. _____
3. _____
4. _____
5. _____

B. Using the cues and the information you will hear again from Part A, make a comparison between your apartment and your friend's apartment. Be sure to use **auch** in your answers.

> Sie hören: Unsere Wohnung ist relativ preiswert.
> Sie sehen: meine Wohnung
> Sie sagen: Meine Wohnung ist auch relativ preiswert.

1. meine Wohnung
2. eure Wohnung
3. mein Wohnzimmer
4. euer Bücherregal
5. unsere Garage

Übung 2 Unsere Sachen

A. You will hear a series of sentences that contain a direct object. For each sentence write down the direct object with its definite article in the space provided. Note: Some sentences are given as questions.

> Sie hören: Hast du den Autoschlüssel?
> Sie schreiben: *den Autoschlüssel*

1. _____
2. _____
3. _____
4. _____
5. _____
6. _____

B. You will hear the same sentences again. Restate each sentence using the possessive adjective provided on the recording.

> Sie hören: Hast du den Autoschlüssel? (dein)
> Sie sagen: Hast du deinen Autoschlüssel?

1. ... 2. ... 3. ... 4. ... 5. ... 6. ...

Personal Pronouns in the Accusative Case

Übung 3 Gespräche

You will hear six short dialogues. Write the nominative and accusative pronouns you hear. Blanks marked with *X* have no corresponding pronouns.

> Sie hören: A: Kennt Jürgen meine Kusine?
>   B: Ja, er kennt sie.

> Sie schreiben: NOMINATIV   AKKUSATIV
>   A: *X*   *X*
>   B: *er*   *sie*

	NOMINATIV	AKKUSATIV
1. A:	_____	X _____
B:	_____	_____
2. A:	X _____	X _____
B:	_____	_____
3. A:	X _____	X _____
B:	_____	_____
4. A:	_____	X _____
B:	_____	_____
5. A:	X _____	X _____
B:	_____	_____
6. A:	_____	X _____
B:	_____	_____

Übung 4 Wie finden Sie das?

Answer the questions you hear according to your personal preference. Use personal pronouns and adjectives from the following list in your answers: **anstrengend, bequem, billig, hübsch, interessant, langweilig, teuer**

> Sie hören: Wie finden Sie die Philosophie-Vorlesung?
> Sie sagen: Ich finde sie anstrengend.

HÖRTIPP

Listen carefully for the definite article. Remember the following correlations: **der = er; den = ihn; die = sie; das = es.**

---

1. ...   2. ...   3. ...   4. ...   5. ...

Prepositions with the Accusative Case

Übung 5 Nachmittags im Park

Who's doing what? Look at the pictures and listen to the speaker describing what the people are doing. Then match the two appropriate sentence halves.

1. _____ Robert kauft einen Ballon . . .

2. _____ Herr und Frau Sauer spazieren . . .

3. _____ Anna joggt . . .

4. _____ Heiko kommt zum Fußballspiel . . .

5. _____ Die Studenten protestieren . . .

6. _____ Niko und Ute spielen . . .

a. durch den Park.
b. gegen Atomkraft (*nuclear power*).
c. um drei Uhr Tennis.
d. für seine Schwester.
e. um den See.
f. ohne den Ball.

Übung 6 Geschenke

Look at Andrea's shopping list. What is she buying for whom? Answer the questions you hear.

Sie hören: Für wen ist die Krawatte?
Sie sehen: Krawatte—Vater
Sie sagen: Die Krawatte ist für meinen Vater.

1. Uhr—Mutter
2. Sessel—Großvater
3. Ohrringe—Schwester
4. Computerspiel—Bruder
5. Kassetten—Kusinen
6. Bücher—Freunde

The Verb *werden*

Übung 7 Geburtstage

You will hear three short dialogues. Fill in the chart below with the correct information.

	WER?	WANN?	WIE ALT?
1.	Susanne		
	Hans		
2.	Klaus		
	Petra		
3.	Oma Hilde		
	Opa Robert		

Übung 8 Wie alt sind sie?

Using the cues provided, answer the questions about how old certain people will be.

Sie hören: Wie alt ist Alexandras Urgroßmutter?
Sie sehen: im Februar 99
Sie sagen: Sie wird im Februar 99.

1. im Juli 35
2. am Dienstag 45
3. dieses Jahr 21
4. am Sonntag 20

5. im April 16
6. am Mittwoch 18
7. ?

The Verbs *wissen* and *kennen*

Übung 9 Weißt du das? Kennst du ihn?

A. Uta and Gabi are talking about their friends, Hans and Antje. Focus on their use of **wissen** and **kennen**, then indicate whether the following statements are correct or incorrect.

		DAS STIMMT	DAS STIMMT NICHT
1.	Gabi weiß nicht, wann Antje nach Koblenz fährt.	☐	☐
2.	Uta kennt Antje gut.	☐	☐
3.	Gabi kennt Hans.	☐	☐
4.	Uta weiß, dass Hans und Antje Silvester in Mainz feiern.	☐	☐
5.	Jürgen kennt Antjes Pläne.	☐	☐

B. Now replay the dialogue and listen again for information about Antje and Hans' plans for spending the Christmas and New Year's holidays with family. Fill in the missing information.

1. Antje fährt vor _____ nach Koblenz.

2. Sie dekoriert den Weihnachtsbaum mit ihrer _____.

3. Hans' _____ wohnt auch in Koblenz.

4. Wo feiern Hans und Antje _____?

5. Jürgen ist Antjes _____.

Sprache im Kontext

You will now hear Carl Philipp Emanuel Bach talk about his family again.

A. Daten (*Facts*). Look at the information on the chart below and take notes as you listen. If there is no information for a particular category, write **keine Information**.

		FAMILIE BACH		
NAME	FAMILIENVERHÄLTNIS ZU CARL	GEBURTSDATUM	GEBURTSORT	WOFÜR° BEKANNT
Johann Sebastian	*Vater*			
Maria Barbara		*keine Information*		
Anna Magdalena				*Sängerin*
Johann Christian				*Kammermusik, Symphonien*

for what

B. Based on the information in your chart, answer the questions you hear.

1. ... 2. ... 3. ... 4. ... 5. ...

C. Jetzt sind Sie dran. Stop the recording and think about your own family. Perhaps your family members are not musicians, but each family member is probably known for some special talent. Think also about information you have learned to give about family members (look at the Lernziele of Chapter 3). Restart the recording and answer the questions you hear.

1. ... 2. ... 3. ... 4. ... 5. ... 6. ...

Kapitel 4

Mein Tag

Aussprache

Consonants and Consonant Combinations (Part 2)

The consonants **s** and **z**; consonant combinations **sp** and **st**; consonant combination **ch**

Übung 1   The Consonant *s*

When the letter **s** precedes a vowel or appears between two vowels, it is voiced, or pronounced, like the English *z*. Listen and repeat.

sehen	suchen
sieben	lesen
Sohn	Häuser
sehr	Musik

If the letter **s** does not precede a vowel, or if it is doubled, it is not voiced. It is pronounced like the *s* in the English name *Sam*. Listen and repeat.

was	Adresse
das	essen
aus	Sessel
Haus	müssen

The letter **ß** [ess tsett] is also pronounced like a double **s**. Listen and repeat.

Straße	weißt
Grüße	groß
heißen	Spaß

Übung 2 The Letter *z*

The letter **z** is pronounced in German like *ts* in the English word *nuts* and the *zz* in *pizza*. Listen and repeat.

zehn	Mozart
Zeit	Tanz
Zimmer	Schweiz
Anzeige	kompliziert

Contrast **s** and **z**. Listen and repeat.

sehen / zehn	Sommer / Zimmer
seit / Zeit	Schweiß / Schweiz

Satzbeispiele: *s, ss, ß* **und** *z*. Listen and repeat.

1. Suchst du ein Zimmer? Hier ist eine Anzeige in der Zeitung.
2. Wie ist deine Adresse? Ach so, Sommerstraße sieben.
3. Meine Großeltern kommen aus der Schweiz.
4. Am Samstag sind wir zu Hause. Am Sonntag fahren wir an den Ozean. Dort können wir spazieren gehen.
5. Kommen Sie ins Sigmund-Freud-Museum mit? Ja, es ist nicht weit, Berggasse neunzehn.

Übung 3 The Consonant Combinations *sp* and *st*

The consonant combinations **sp** and **st** are pronounced [shp] and [sht] at the beginning of a word or word stem in German. Listen and repeat.

sp	st
Sprache	Stuhl
spielen	frühstücken
spät	verstehen
Sport	Buchstabe

In other positions, the two combinations are pronounced as in English. Listen and repeat.

sp	st
lispeln	Post
Wespe	Tourist
knuspern	Fenster
Hospital	kosten

Übung 4 The Consonant Combination *ch*

Two sounds represented by German **ch** have no equivalent in English. After **a, o, u,** and **au,** the ch- sound is guttural. That means the sound originates in the back of the throat (like the English *k*), with the tongue lowering to allow air to come through. This sound is also very close to the **r** that is trilled in the back of the throat. Listen and repeat.

acht	Tochter
Nacht	kochen
machen	suchen
doch	Buch

A less throaty sound is produced when **ch** occurs after the vowels **e** and **i**, vowels with umlauts, the diphthongs **ei (ai)** and **eu (äu),** and the consonants **l, n,** and **r.** The suffix **ig** and the diminutive suffix **-chen** are both pronounced with a soft **ch.** This sound originates a little farther forward in the mouth, on the soft palate, with the tongue raised very high, but leaving enough room for air to come through. Listen and repeat.

schlecht	Küche	ich	richtig
leicht	Dächer	durch	ruhig
sprechen	möchte	Milch	Mädchen

Contrast soft-palate **ch** with guttural **ch.** Listen and repeat.

ach / ich
Nacht / nicht
Dach / Dächer
Tochter / Töchter

Be sure that you distinguish between the **ch** and **k/ck** sounds. The **k** and **ck** sounds are pronounced the same as in English. Listen and repeat.

Ach / Akt
Nacht / nackt
dich / dick
Bach / backen

Satzbeispiele: *sp, st* **und** *ch.* Listen and repeat.

1. Viel **Sp**aß beim Tennis**sp**ielen!
2. Die **St**ühle sind re**ch**t billig, drei**ß**ig Mark pro **St**ück.
3. Mün**ch**en und Züri**ch** sind Touristenstädte.
4. Die **St**udenten **sp**rechen von ihrem Besu**ch** in Berlin.
5. Das Mäd**ch**en ist ruhig, aber au**ch** freundlich und fröhli**ch**.

Alles klar?

Hubsi (Hubertus) von Blumenthal und seine Frau Marianne bekommen die Einladung, die Sie unten sehen. Überfliegen Sie (*Scan*) den Text der Einladung auf dieser und der nächsten Seite. Sie hören dann ein Gespräch zwischen Hubsi und Marianne. Markieren Sie die Information, die Sie im Dialog hören, auf der Einladung. Nummerieren Sie von 1 bis 9.

... 12 Jahre ——
Sind genug

Wir beenden unsere wilde Ehe...

____ ... JETZT WIRD GEHEIRATET:

____ ROBERT AN DER BRÜGGE   SUSANNE IMHOF   ____

STANDESAMTLICHE TRAUUNG   ____

AM 2. SEPTEMBER 1994   ____

UM 18.³⁰ UHR IM   ____

STANDESAMT WEINSBERG   ____

Wörter im Kontext

Thema 1

Der Tagesablauf

Aktivität 1 Was machen wir morgen?

Monika und Dieter machen Pläne für morgen. Hören Sie gut zu und markieren Sie die richtigen Antworten. Sie hören den Dialog zweimal.

1. Monika möchte morgen Abend
   a. mit Doris und Frank ausgehen.
   b. ins Kino gehen.
2. Dieter möchte lieber seine Eltern
   a. besuchen.
   b. einladen.

3. Monika muss morgen früh
   a. ihre Wohnung aufräumen.
   b. ihre Garage aufräumen.
4. Dieter will mit Peter
   a. Tennis spielen
   b. Karten spielen
   und dann
   c. ins Café gehen.
   d. ins Kino gehen.
5. Vielleicht können Monika und Dieter
   a. Sonntagabend mit Doris und Frank ausgehen.
   b. Samstagabend mit Doris und Frank ausgehen.

Aktivität 2 Um wie viel Uhr macht Jörg das?

Wie sieht Jörgs Sonntag aus? Sehen Sie sich Jörgs Stundenplan an, und beantworten Sie die Fragen.

Sie hören: Um wie viel Uhr steht Jörg auf?
Sie sagen: Um acht steht er auf.

Sonntag
12 Mai

8 .00 aufstehen ....   16 .00 Fußball spielen ....

9 .45 mit Helga frühstücken ...   17 ....

10 ....   18 .30 Tina im Café treffen .....

11 ....   19 ....

12 ....   20 .00 ein Rockkonzert besuchen

13 .30 schwimmen gehen ....   21 ....

14 ....   22 ....

15 .15 Tina anrufen ....

1. . . . 2. . . . 3. . . . 4. . . . 5. . . . 6. . . .

Aktivität 3 Franks Stundenplan

Lesen Sie den Stundenplan ganz genau, und beantworten Sie die Fragen.

Sie hören: Wie viele Stunden Deutsch hat Frank pro Woche?
Sie sagen: sechs Stunden

Zeit	Montag	Dienstag	Mittwoch	Donnerstag	Freitag	Samstag
8.00-8.45	Deutsch	Philos.	Mathe	Englisch	Mathe	Englisch
8.50-9.35	Deutsch	Philos.	Mathe	Englisch	Mathe	Deutsch
10.00-10.45	Mathe	Physik	Philos.	Deutsch	Erdkunde	Deutsch
10.50-11.35	Mathe	Latein	Erdkunde	Deutsch	Latein	
11.50-12.35	Sport	Latein	Erdkunde	Physik	Sport	
12.40-13.25	Sport			Physik		

1. . . . 2. . . . 3. . . . 4. . . . 5. . . .

Thema 2

Die Uhrzeit

Aktivität 4 Wann macht Gabriele das?

Sehen Sie sich die Uhren unten an und beantworten Sie die Fragen, die Sie hören!

Sie hören: Wann frühstückt Gabriele?
Sie sagen: Um Viertel vor sieben.

1.

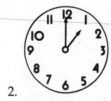
2.

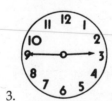
3.

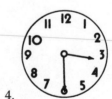
4.

5.

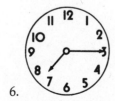
6.

7.

Aktivität 5 Uhrwald*

Es ist drei Uhr in San Franzisko. Wie spät ist es in den anderen Städten? Schauen Sie auf die Uhren.

Sie hören: Wie spät ist es in San Franzisko?
Sie sagen: Es ist drei Uhr.

1. ...   2. ...   3. ...   4. ...   5. ...   6. ...

*clock forest, a play on the German word **Urwald** (primeval forest)

Kino, Musik und Theater

Aktivität 6 Pläne

Sabine und Stefan machen Pläne. Hören Sie zu und entscheiden Sie dann, was stimmt und was nicht stimmt. Sie hören den Dialog zweimal.

	DAS STIMMT	DAS STIMMT NICHT
1. Sabines Mutter kommt zu Besuch.	☐	☐
2. Es gibt einen neuen Müller-Stahl Film.	☐	☐
3. Sabines Mutter hört nicht gern Musik.	☐	☐
4. Stefan will Karten für ein Fußballspiel kaufen.	☐	☐
5. Sie werden in das Musical „Das Phantom der Oper" gehen.	☐	☐

Aktivität 7 Hin und her: Was machen sie am Wochenende?

A. Sagen Sie, was Rosi, Heiko und Jens, Rita und Lilo gern am Wochenende machen.

Sie hören: Was macht Rosi gern am Wochenende?
Sie sagen: Rosi spielt gern Karten.

	ROSI	HEIKO UND JENS	RITA	LILO	GABI	ROLF	KAI UND ANNE	SABINE	STEFAN
in der Disko tanzen		X							
schwimmen					X				
früh aufstehen									
Zeitung lesen									
ins Ballett gehen				X					
einkaufen gehen									
ins Kino gehen									
Karten spielen	X								
Eltern anrufen			X						

B. Fragen Sie jetzt, was Gabi, Rolf, Kai und Anne, Sabine und Stefan gern am Wochenende machen. Markieren Sie *X* in der richtigen Spalte. Dann bestätigen (*confirm*) Sie die Information.

> Sie hören: Gabi
> Sie fragen: Was macht Gabi gern am Wochenende?
> Sie hören: Was macht Gabi gern am Wochenende? Gabi schwimmt gern.
> Sie sagen: Also, Gabi schwimmt gern am Wochenende.

Grammatik im Kontext

Separable-prefix Verbs

Übung 1 Antje und Tamara machen eine Verabredung.

Hören Sie zu, und ergänzen Sie den Dialog. Sie hören den Dialog zweimal.

ANTJE: Tamara, was _____[1] du heute Abend _____[2]?

TAMARA: Ich _____[3] mit Sonja und Claire _____.[4] Kommst du

_____[5]?

ANTJE: Ja, gerne.

TAMARA: Wir _____[6] um halb acht bei dir _____.[7]

ANTJE: Gut. Ich _____[8] euch dann nachher zu einem Glas Wein

_____.[9]

TAMARA: Wie nett! Ich _____[10] jetzt Sonja und Claire _____.[11]

ANTJE: Und ich _____[12] noch schnell meine Wohnung

_____.[13] Bis heute Abend!

Übung 2 Jeder verbringt° seine Zeit anders.   *spends*

A. Hören Sie zu, und schreiben Sie das Verb, das Sie im zweiten Satzteil hören, im Infinitiv.

> Sie hören: Ich stehe immer spät auf, aber unser Mitbewohner steht immer früh auf.
> Sie schreiben: Mitbewohner / früh *aufstehen*

1. Herr und Frau Klinger / mittwochs _____

2. Inge / nächste Woche _____

3. Irmgard / gegen zehn Uhr _____

4. ich / schon um vier _____

5. Natalie / den Tag mit Ballett _____

B. Hören Sie noch einmal zu und beantworten Sie die Fragen mit Hilfe der Stichworte im Teil A.

> Sie hören: Ich stehe immer spät auf, und unser Mitbewohner?
> Sie sagen: Unser Mitbewohner steht früh auf.

> 1. ... 2. ... 3. ... 4. ... 5. ...

Modal Auxiliary Verbs

Übung 3 Familie Schubert beim Frühstück

Hören Sie zu, und ergänzen Sie die Sätze. Zuerst hören Sie vier neue Wörter. Sie hören den Dialog zweimal.

sich beeilen	*to hurry*
Haferflocken	*oatmeal*
allergisch sein gegen	*to be allergic to*
Schatz	*sweetheart*, lit. *treasure* (term of endearment)

1. Die Kinder _____ sich beeilen.

2. Erik _____ keine Haferflocken.

3. Er _____ Brot mit Wurst.

4. Er _____ keine Wurst essen.

5. Frau Schubert _____ das Auto haben. Sie

    _____ einkaufen und am Nachmittag zur Musikschule fahren.

    Sie _____ von eins bis drei Klavierstunden geben.

6. Herr Schubert _____ mit dem Bus fahren.

7. Bettina _____ nach der Schule bei Antonia fernsehen.

8. Sie _____ aber ihre Schularbeiten fertig machen.

9. Familie Schubert _____ heute Abend ins Kino gehen.

Übung 4 Philipp und seine Freunde planen ein Picknick.

Wer soll was machen? Spielen Sie die Rolle von Philipp.

Sie hören: Wer tankt?
Sie sagen: Ich soll tanken.

	ICH	WIR	GABI UND FRANK	IHR	URSULA	ANDREAS	DU
tanken	X						
Gabi und Frank anrufen		X					
ein Kofferradio mitbringen			X				
Wurst und Bier einkaufen				X			
den Picknickkorb packen					X		
den Kaffee kochen						X	
einen Fußball mitnehmen							X

Übung 5 Pläne für das Wochenende

Wann macht man das? Beantworten Sie die Fragen.

Sie hören: Wann kaufst du ein? Heute schon?
Sie sehen: wollen
Sie sagen: Ja, ich will heute schon einkaufen.

1. können
2. wollen
3. sollen
4. können
5. möchten
6. wollen

The Imperative

Übung 6 Im Klassenzimmer

Ihre Professorin gibt einige Befehle (*commands*). Sagen Sie einer anderen Person, was die Professorin sagt. Benutzen Sie die **du**-Form des Imperativs.

Sie hören: Öffnen Sie bitte Ihr Buch!
Sie sagen: Öffne bitte dein Buch!

1. ... 2. ... 3. ... 4. ... 5. ... 6. ...

Übung 7 Sollen wir das?

Ihre Freunde fragen, ob sie bestimmte Aktivitäten tun sollen. Bestätigen (*Confirm*) Sie ihre Fragen. Benutzen Sie die **ihr**-Form des Imperativs.

> Sie hören: Sollen wir hier warten?
> Sie sagen: Ja, wartet bitte hier.

> 1. . . .   2. . . .   3. . . .   4. . . .   5. . . .   6. . . .

Sprache im Kontext

A. Eine Einladung. Hubsi und Marianne möchten zur Trauung von ihrem Freund Robert fahren. Hubsi ruft bei Robert an, und Robert erzählt ihm, wann alles am Wochenende stattfindet (*takes place*). Hören Sie zu, und notieren Sie den Tag und die Uhrzeit der Aktivitäten, die Sie unten lesen. Zuerst hören Sie ein paar neue Wörter.

Gastschwester aus Amerika   *American sister*
Hochzeitsreise/Flitterwochen   *honeymoon*

	TAG(E)	UHRZEIT
1. Polterabend		
2. Kaffee und Kuchen		
3. Abendessen		
4. nach Heidelberg		
5. Frühstück		
6. Tennis		
7. nach Hamburg		
8. ins Theater		

B. Lesen Sie die Sätze unten. Hören Sie sich dann das Gespräch ein zweites Mal an. Stimmt die Information, oder stimmt sie nicht?

	DAS STIMMT	DAS STIMMT NICHT
1. Hubsi wohnt in Heidelberg.	☐	☐
2. Hubsi und Marianne können nicht mitfeiern.	☐	☐
3. Hubsi und Marianne fliegen nach Frankfurt.	☐	☐
4. Hubsi und Marianne bleiben bis Montag.	☐	☐
5. Hubsi und Marianne wollen in Hamburg Freunde besuchen.	☐	☐
6. Roberts amerikanische Gastschwester hat zwei Töchter.	☐	☐
7. Susanne möchte „Miss Saigon" sehen.	☐	☐
8. Robert und Susanne wollen eventuell auf Sylt segeln.	☐	☐

KULTURTIPP

Polterabend (**poltern** = *to make a racket; to crash* [think, for example, of Steven King's *Poltergeist*]) is an old German custom. On the evening before the wedding ceremony, friends come over and smash dishes in front of the house of the bride and groom. According to a German saying, shards bring luck. (**Scherben bringen Glück.**)

Kapitel 5

Einkaufen

Aussprache

Consonants and Consonant Combinations (Part 3)

Consonant combinations; **r**; unstressed **e** and **er**; **s**-sounds; word-final consonants

Übung 1 Consonant Combinations *kn, pf, zw, qu, tz, (t)zt,* and *ng*

The pronunciation of these combinations in German is fairly easy to master. Every letter you see is pronounced.

kn: Listen and repeat.

Kneipe	**Kn**opf
Knochen	**Kn**ackwurst
Knie	

pf: Listen and repeat.

Pfennig	**Pf**und
Pferd	**Pf**eife
Pfeffer	

zw: Listen and repeat.

zwei	**zw**ischen
zwölf	**zw**inkern
zwanzig	**Zw**erg

qu (sounds like German *kw*): Listen and repeat.

Quick	**Qu**alität
Quantität	**Qu**atsch
Quedlinburg	

tz (sounds like *ts*): Listen and repeat.

Platz	sitzen
Satz	unterschätzen
setzen	Sitzordnung

Notice this sound in the suffix **-tion** as well. Listen and repeat.

Tradi**tion**	Por**tion**
interna**tion**al	Informa**tion**

(t)zt: Listen and repeat.

besetzt	Arzt
letzte	getanzt
jetzt	

ng: This combination is pronouned like the *ng* in the English word *spring*. Listen and repeat.

Übung	Prüfung
langweilig	Vorlesung
Englisch	Hunger

Satzbeispiele: Konsonantenkombinationen. Listen and repeat.

1. Mein Großvater kommt aus der **Pf**alz. Er raucht eine **Pf**eife.
2. Le**tz**te Woche bin ich zum Ar**z**t gegangen.
3. Müssen wir die Übu**ng** schreiben? Sie ist la**ng**weilig.
4. **K**ann man in dieser **Kn**eipe **Kn**ackwurst bekommen?
5. Ist dieser Pla**tz** bese**tz**t? Se**tz**en Sie sich, bitte.
6. Hast du den Artikel in der „**Qu**ick" gelesen? Ja, es ist alles **Qu**atsch.
7. Im Kaffeehaus kann man la**ng**e si**tz**en und interna**tion**ale Zeitu**ng**en lesen.
8. **Zw**ei und **zw**anzig macht **zw**eiund**zw**anzig.

Übung 2 The Consonant *r*: Pronunciation Variations

The letter **r** is vocalized, or pronounced, as a schwa (sounding like the English *uh*) when it follows a vowel at the end of a syllable or word. Listen and repeat.

Arm	vorne
Karte	Wort
Ärztin	Durst
dir	Körper

Remember that the **r** is rolled or trilled at the beginning of a syllable or when followed by a vowel. Listen and repeat.

Rat	reparieren
Rücken	Apparat
interessieren	geboren
hören	beschweren

Übung 3 Unstressed *e* and *er*

In unstressed syllables the vowels **a, i, o,** and **u** retain their basic sound quality. The vowel **e** becomes weak and is pronounced as a schwa. English vowels have this tendency in unstressed syllables, also. Listen and repeat.

Auge	Tage
Nase	fühle
Stelle	müde
Tische	gute

The **er** combination in unstressed prefixes such as **er, ver,** and **zer** is pronounced as **e** plus schwa. Listen and repeat.

erholen	verlieren
erkälten	Zertifikat
verhüten	zerfallen

Übung 4 The Contrast *s, ß, z, tz*

As you have learned, the consonant **s** is pronounced like English *z* when it appears before a vowel or between two vowels. At the end of a word or when doubled, it is pronounced like English *s*. The consonant **ß** is always pronounced like the English *s*. The consonant **z** and the consonant combination **tz** are pronounced like the *ts* in *nuts* or the *zz* in *pizza*. Listen and repeat.

reisen	reißen	reizen
lasen	lassen	Latz
Muse	Muße	Mütze
heiser	heißer	heizen

Listen carefully and indicate with an *X* the word you hear pronounced. You will hear each word twice.

Sie hören: heißen

Sie kreuzen an: ☐ heizen ☒ heißen

1. ☐ Masse   ☐ Matze
2. ☐ Grüße   ☐ Grütze
3. ☐ Fass   ☐ FAZ
4. ☐ Nüsse   ☐ nütze
5. ☐ Kasse   ☐ Katze

Übung 5 Final *b, d, g*

When the consonants **b, d,** or **g** appear at the end of a word or syllable, they are pronounced as **p, t,** and **k,** respectively. Listen and repeat.

hab	Hand	mag
Stab	lud	leg
Stübchen	Mädchen	täglich

Remember, however, that the consonant combination **ng** is pronounced like the English *ng* in *sing*.

Alles klar?

Karstadt ist ein Kaufhaus in vielen Städten in Deutschland.

Herr Stüber liest die Anzeige unten und schlägt seiner Familie einen Einkaufsbummel vor. Schreiben Sie, in welcher Etage (in welchem Stock) man was finden kann.

Note: The word **Etage** is often used instead of **Stock** to mean *floor* or *story*. „Esprit" designates a brand of clothing.

ESPRIT SALE
Schon gehört?

Ab **Montag,** den 26. Juli 1999 haben

wir **Einzelteile** aus unseren

Esprit Kollektionen im Preis bis zu 50%

reduziert. Wo? In unseren **Esprit Shops:**

in der 1. Etage für **Damen,** in der

3. Etage für **Herren** oder in der 4. Etage

für **Kinder.** Vorbeikommen lohnt sich.

KARSTADT

Haus Oberpollinger am Karlstor

	WO FINDEN SIE WAS?
PERSON	ETAGE
Herr Stüber	
Frau Stüber	
Andreas	
Erik	

örter im Kontext

Thema 1

Kleidungsstücke

Aktivität 1 Was soll ich tragen?

Horst will in die Oper gehen. Sagen Sie ihm, was er tragen und was er nicht tragen kann.

> Sie hören: Ist eine Krawatte in Ordnung?
> Sie sagen: Ja, du kannst eine Krawatte tragen.

1. . . .   2. . . .   3. . . .   4. . . .   5. . . .   6. . . .   7. . . .

Aktivität 2 Was nehmen Sie mit?

Sie wollen eine Reise nach Florida machen. Sehen Sie sich das Bild (auf der nächsten Seite) an, und sagen Sie, was Sie alles mitnehmen wollen.

> Sie hören: Nehmen Sie Sportschuhe mit?
> Sie sagen: Ja, ich will Sportschuhe mitnehmen.

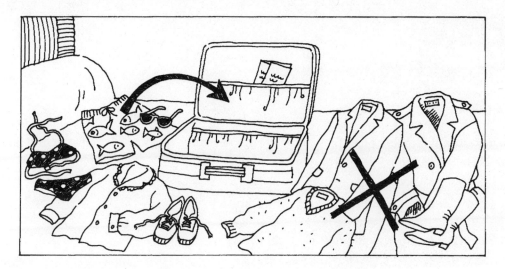

1. ... 2. ... 3. ... 4. ... 5. ... 6. ... 7. ...

Aktivität 3 Was tragen Sie gewöhnlich?

Wählen Sie passende Kleidungsstücke von der Liste unten.

Sie hören: Was tragen Sie gewöhnlich zur Arbeit?
Sie sagen: Ich trage gewöhnlich ein Sporthemd und eine Hose zur Arbeit.

1. ... 2. ... 3. ... 4. ... 5. ... 6. ...

der Anzug   die Krawatte
die Jeans   der Mantel
die Lederjacke   die Tennisschuhe
der Parka   die Badehose
der Sakko   der Rock
der Bikini   die Bluse
der Schal   die Mütze

Beim Einkaufen im Kaufhaus

Aktivität 4 Neue Schuhe

Herr Schneider fährt in die Alpen und braucht neue Wanderschuhe. Hören Sie zuerst zu, und lesen Sie dann die Sätze unten. Was stimmt und was stimmt nicht?

		DAS STIMMT	DAS STIMMT NICHT
1.	Herr Schneider möchte ein Paar Wanderschuhe aus Leder kaufen.	☐	☐
2.	Herr Schneider kennt seine Schuhgröße nicht genau.	☐	☐
3.	Der Verkäufer bringt Herrn Schneider ein Paar Schuhe.	☐	☐
4.	Die Schuhe gefallen Herrn Schneider gut.	☐	☐
5.	Die Schuhe sind sehr teuer.	☐	☐
6.	Herr Schneider soll an der Kasse zahlen.	☐	☐

Aktivität 5 Was brauchen die Leute?

In welcher Farbe und in welcher Größe? Sie hören vier kurze Dialoge. Ergänzen Sie die Tabelle mit der richtigen Information.

	WAS?	IN WELCHER GRÖSSE?	IN WELCHER FARBE?
1.			
2.			
3.			
4.			

Thema 3

Lebensmittel

Aktivität 6 Wo kann man das kaufen?

Sagen Sie, wo man die folgenden Dinge kaufen kann.

Sie hören: Wo kann man Salat kaufen?
Sie sagen: Man kann Salat am Obst- und Gemüsestand kaufen.

1. . . . 2. . . . 3. . . . 4. . . . 5. . . . 6. . . . 7. . . .

Aktivität 7 Im Supermarkt

Sie hören ein Gespräch zwischen Barbara und einer Verkäuferin.

A. Hier ist Barbaras Einkaufszettel. Hat die Verkäuferin alles, was Barbara braucht? Kreuzen Sie an.

BARBARAS EINKAUFSZETTEL

	JA	NEIN		JA	NEIN
Butter	☐	☐	Käse	☐	☐
Brokkoli	☐	☐	Schinken	☐	☐
Karotten	☐	☐	Kartoffeln	☐	☐
Blumenkohl	☐	☐	Gurke	☐	☐

B. Spielen Sie den Dialog noch einmal. Ergänzen Sie die Sätze.

1. Barbara braucht _____ Karotten und

   _____ Blumenkohl.

2. Der Brokkoli ist _____ und nicht

   _____ .

3. Barbara braucht _____ Kartoffeln.

4. Schinken gibt es beim _____ .

5. Alles zusammen kostet _____ .

6. Barbara bekommt _____ zurück.

Aktivität 8 Hin und her: Bei Gubi oder bei Huma?

A. Sie lesen eine Anzeige von Gubi, einem Supermarkt in Bayern. Ihr Freund Max liest eine Anzeige von Huma. Max fragt Sie, was alles bei Gubi kostet.

Sie hören: Was kostet der Schinken?
Sie sagen: Er kostet 97 Pfennig für 100 Gramm.

Gubi

Bayr. Leberkäs fein
gebacken

100 g   **-.97**

Valensina
Säfte, Nektare
und Fruchtsaft-
getränke
verschiedene Sorten
je 0,7 l-Packung

1.47

Überkinger rot u. blau

12 Flaschen à 0,7 l   **6.99**

zzgl. Pfand 6.-
Gesamtpreis   **13.59**

KAISER'S KAFFEE
noch altpreisig!
Greifen Sie zu!

Bayr. Vorderschinken
gekocht, mit Speck und
Schwarte

100 g   **-.97**

Holl. Edamer und
Gouda 40/48 % Fett i. Tr.
300-400 g-Stücke

je 100 g   **-.99**

DANONE Joghurt
frisch und fruchtig

4 x 125 g-
Becher   **1.59**

Griech. Pfirsiche
„Red Heaven" steinlösend, süß-
aromatisch, auch zum
Einmachen
geeignet, HKl. I
1 kg   **2.22**

Ital. Trauben weiß
„Vignetti", HKl. I,
süß und
aromatisch
1 kg-
Schale   **2.97**

„Unser Bester"

500 g-
Packung   **6.99**

Huma

_____ Schinken

_____ Käse

_____ Joghurt

_____ Pfirsiche[1]

_____ Weintrauben

_____ Kaffee

1. *peaches*

1. . . .   2. . . .   3. . . .   4. . . .   5. . . .

B. Fragen Sie Max, was alles bei Huma kostet. Schreiben Sie die Preise auf.

> Sie hören: der Schinken
> Sie fragen: Was kostet der Schinken?
> Sie hören: Was kostet der Schinken? Er kostet DM 1,10 für 100 Gramm.

Sie schreiben: *DM 1,10 für 100 Gramm*

BEI HUMA

_____ Schinken

_____ Käse

_____ Joghurt

_____ Pfirsiche

_____ Weintrauben

_____ Kaffee

Grammatik im Kontext

The Dative Case

Übung 1   Im Kleidergeschäft

A. Sie hören sieben Sätze. Schreiben Sie auf, wem (Dativobjekt) der Verkäufer was (Akkusativobjekt) empfiehlt.

> Sie hören: Er empfiehlt der Frau die Bluse.
>
> Sie schreiben: *der Frau   die Bluse*

DATIVOBJEKT   AKKUSATIVOBJEKT

1. _____   _____

2. _____   _____

3. _____   _____

4. _____   _____

5. _____   _____

6. _____   _____

7. _____   _____

B. Welche Kleidungsstücke empfiehlt der Verkäufer den Kunden? Schauen Sie auf Ihre Liste (auf Seite 87) und beantworten Sie die Fragen. Benutzen Sie ein Personalpronomen für den Kunden.

> Sie hören: Was empfiehlt der Verkäufer der Frau?
> Sie sagen: Er empfiehlt ihr die Bluse.

Übung 2 *schmecken, passen, stehen, gefallen*

A. Was passt? Sie hören vier Beschreibungen. Ergänzen Sie die Sätze unten mit der richtigen Form von **schmecken, passen, stehen** oder **gefallen**.

1. Der Pullover _____ ihm nicht.

2. Röcke _____ ihr nicht.

3. Grün _____ ihm nicht.

4. Suppe _____ ihm nicht.

B. Jetzt sind Sie dran! Beantworten Sie die Fragen.

> Sie hören: Welche Farbe steht Ihnen?
> Sie sagen: Blau steht mir sehr gut.

> 1. . . .   2. . . .   3. . . .   4. . . .   5. . . .   6. . . .

Übung 3 Wem gehört was?

Jochens Familie hat viele Sachen. Sagen Sie, wem was gehört.

> Sie hören: Wem gehört die Uhr?
> Sie sagen: Die Uhr gehört seiner Mutter.

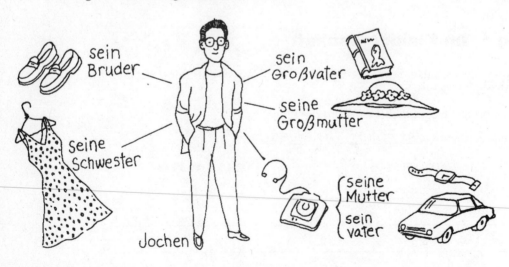

> 1. . . .   2. . . .   3. . . .   4. . . .   5. . . .   6. . . .

Übung 4 Im Geschäft

Herr Blum kauft ein Hemd. Sie hören einen Dialog zwischen Herrn Blum und dem Verkäufer.
Ergänzen Sie die passenden (*appropriate*) Verben. Sie hören den Dialog zweimal.

1. Der Verkäufer möchte Herrn Blum _____.

2. Das Hemd _____ Herrn Blum.

3. Es _____ Herrn Blum auch.

4. Der Verkäufer sagt: „Das Hemd _____ Ihnen sehr gut."

5. Dann fragt er: „_____ Ihnen diese Jacke?"

6. Herr Blum _____ dem Verkäufer.

Übung 5 Im Einkaufszentrum

Karl und Marion sind im Einkaufszentrum. Hören Sie zu, und ergänzen Sie die Präpositionen und,
wenn nötig (*if necessary*), die Artikel. Sie hören den Dialog zweimal.

MARION: Dieses Hemd hier ist aber schön! Schau mal, es ist _____[1] reiner (*pure*) Baumwolle.

KARL: Ja. Es ist aber nicht so billig wie das _____[2] Hertie.

MARION: Gehen wir doch _____[3] Hertie. Auf dem Weg kann ich auch das Buch _____[4]

Heinrich Böll kaufen. Ich will es schon _____[5] drei Monaten lesen.

KARL: Ist gut. Ich brauche auch Brot _____[6] Bäcker und Gemüse _____[7] Supermarkt.

MARION: In Ordnung. Ich komme mit. Aber dann muss ich unbedingt _____[8] Hause. Wenn du

Lust hast, kannst du _____[9] uns zu Abend essen.

Übung 6 Wo gibt es . . . ?

Sagen Sie, wo man die folgenden Dinge kaufen kann.

> Sie hören: Wo kann man hier Blusen kaufen?
> Sie sagen: Blusen gibt es im Einkaufszentrum.

1.

2.

3.

4.

5.

6.

7.

8.

Übung 7 Im Café

Dirk und Martina sind im Café und sprechen über Geburtstage. Dirk will alles über Geschenke
wissen. Antworten Sie immer negativ für Martina. Ersetzen Sie das Dativobjekt mit einem Pronomen.

> Sie hören: Schenkt Anja ihren Eltern einen CD-Spieler?
> Sie sagen: Nein, Anja schenkt ihnen keinen CD-Spieler.

1. . . . 2. . . . 3. . . . 4. . . . 5. . . . 6. . . . 7. . . .

Interrogative Pronouns *wo, wohin,* and *woher*

Übung 8 Wo oder wohin?

Wo kauft man alles, oder wohin geht man einkaufen? Schauen Sie auf die Diagramme unten und beantworten Sie die Fragen.

Sie hören: Wo kauft man Mineralwasser?
Sie sagen: Mineralwasser kauft man im Getränkeladen.

oder   Sie hören: Frau Winter will Brot kaufen. Wohin geht sie?
Sie sagen: Sie geht in die Bäckerei.

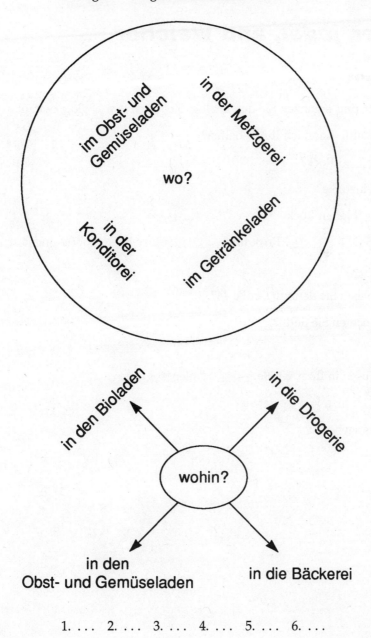

1. . . . 2. . . . 3. . . . 4. . . . 5. . . . 6. . . .

Übung 9 Wie bitte?

Sie können nicht alles hören, was man Ihnen sagt. Stellen Sie Fragen mit „woher" (*from where*) oder „wohin" (*to where*).

> Sie hören: Peter geht heute zum Markt.
> Sie sagen: Wie bitte? Wohin geht Peter heute?

oder Sie hören: Martin kommt aus der Bäckerei.
　　　 Sie sagen: Wie bitte? Woher kommt Martin?

> 1. . . . 2. . . . 3. . . . 4. . . . 5. . . . 6. . . .

der-Words: *dieser, jeder,* and *welcher*

Übung 10 Im Geschäft

Frau Kuhn kauft ein. Hören Sie zu, und ergänzen Sie den Dialog. Sie hören den Dialog zweimal.

VERKÄUFERIN: Guten Tag, Frau Kuhn. Kann ich Ihnen helfen?

FRAU KUHN: Ja. Was kostet _____[1] Rock?

VERKÄUFERIN: _____[2] Rock meinen Sie?

FRAU KUHN: Ich meine _____[3] blauen Rock.

VERKÄUFERIN: _____[4] kostet 85 DM. _____[5] Rock und _____[6] Bluse ist im Sonderangebot

(*on sale*).

FRAU KUHN: _____[7] Blusen haben Sie denn in Größe 44?

VERKÄUFERIN: _____[8] Farbe möchten Sie denn?

FRAU KUHN: Blau oder grün.

VERKÄUFERIN: Wir haben drei Blusen in Ihrer Größe. _____[9] hier ist grün.

FRAU KUHN: Ich nehme _____[10] hier. Was kostet sie?

VERKÄUFERIN: 45 DM im Sonderangebot.

Sprache im Kontext

Andreas erzählt seiner Großmutter (Omi) vom „Esprit Sale" bei Karstadt.

Wer kauft was, und wie viel kostet das? Machen Sie Notizen.

	PERSON	KLEIDUNGSSTÜCK	PREIS
1.			
2.			
3.			
4.			

Kapitel 6

Wir gehen aus

Aussprache

Contrasting Vowel Sounds

Übung 1 Review of long and short umlauted vowels

Listen and repeat.

Langes ä		*Kurzes* ä	
erzählt	Läden	Märkte	Bäckerei
schläft	Väter	Mäntel	Geschäft
fährt	Gespräch	hässlich	Ausländer

Langes ö		*Kurzes* ö	
Größe	gewöhnlich	Wörter	Röcke
nötig	Söhne	möchte	Töchter
gehören	böse	können	zwölf

Langes ü		*Kurzes* ü	
Gemüse	früh	Würste	Gürtel
grün	gemütlich	Mütter	Glück
Brüder	Grüße	Strümpfe	müssen

Satzbeispiele: Kurze und lange Umlaute. Listen carefully and circle the long umlauted vowels. You will hear each sentence twice.

1. Trägst du lieber Röcke oder Kleider?

2. Wir müssen heute Brötchen, Käse, Obst und Gemüse kaufen.

3. Wo kann man hier Anzüge und Hüte kaufen?

4. Zum Frühstück gibt's gewöhnlich eine Schüssel Müsli mit Milch drüber.

5. Die Bekleidungsstücke hier sind nur für Mädchen.

Now listen to the sentences again and repeat them in the pauses provided.

Übung 2 Distinguishing Short *e* and *ö*

Listen and repeat.

kennen / können   gelte / gölte
bell / Böll   helle / Hölle

Übung 3 Distinguishing Short *i* and Short *ü*

Listen and repeat.

Mitte / Mütter   Kissen / küssen
misste / müsste   trimme / Trümmer

Listen carefully and indicate with an *X* the word you hear pronounced. You will hear each word twice.

Sie hören: gelte
Sie kreuzen an: ☒ gelte   ☐ gölte

1. ☐ misste   ☐ müsste
2. ☐ kennen   ☐ können
3. ☐ helle   ☐ Hölle
4. ☐ Kissen   ☐ küssen
5. ☐ Mitte   ☐ Mütter
6. ☐ bell   ☐ Böll

Übung 4 Diphthongs *ei* and *ie*

Listen and repeat.

ei		**ie**	
Fleisch	Wein	Zwiebel	Bier
Metzgerei	Kleid	Stiefel	genießen
Preis	Seide	sieht	kariert
zeigen	weiß	lieber	Dienstag

Say the following words as quickly as possible.

Sie hören: 1.
Sie sagen: feiert

1. feiert   4. Freitag   7. Fleisch
2. viel   5. leider   8. ein niedliches Kleid
3. Dienstag   6. lieber   9. dieser Wein

Satzbeispiele: *ei* und *ie.* Complete each sentence with the correct diphthong. You will hear each sentence twice.

1. L____der sind zu v____le Zw____beln in d____ser Suppe.

2. W____ß D____ter, dass wir am D____nstag h____raten?

3. Herr F____dler muss am Fr____tag all____n arb____ten.

4. Ist das Kl____d gestr____ft oder kar____rt?

5. Ich gen____ße ____ne gem____nsame Mahlz____t mit den M____tern.

Now listen to the sentences again and repeat them in the pause provided.

Alles klar?

Lesen Sie die zwei Anzeigen für Restaurants, und hören Sie sich das Gespräch an. Entscheiden Sie dann, in welches Restaurant die Leute gehen sollten (*should*).

Die Leute sollten ins Restaurant ☐ Extra Blatt gehen.
☐ Mamma Afrika gehen.

Wörter im Kontext

Thema 1

Lokale

Aktivität 1 Zu Besuch in Berlin

Sie suchen telefonisch Information über vier Restaurants in Berlin. Hören Sie zu und ergänzen Sie die Tabelle! Wenn es keine Information gibt, schreiben Sie ein *X*.

RESTAURANT	GEÖFFNET	RUHETAG	SPEZIALITÄTEN	MUSIK
Bistro Parisien				
Zille-Stuben				
Conti-Fischstuben				
Tessiner-Stuben				

Aktivität 2 Gehen wir heute Abend aus!

Sie und einige Freunde verbringen ein paar Tage auf der Insel Rügen. Sie wollen heute Abend ausgehen. Stoppen Sie die Kassette oder CD und lesen Sie die Anzeigen (auf der nächsten Seite). Empfehlen Sie dann Ihren Freunden ein passendes Lokal.

> Sie hören: Ich habe Appetit auf ein richtiges Steak.
> Sie sagen: Dann gehen wir zum Haus Schwanebeck!

ERHOLUNG AUF RÜGEN * DAS GANZE JAHR *

Ein modernes Haus in direkter Strandlage - individuell geführt und sehr ruhig.

Hotel & Restaurant	*Freizeit & Unternehmungen*	
- Frühstücksbufett	- Sauna	- Seminare
- täglich wechselnder	- Solarium	- Familienfeiern
Mittagstisch ab 9,80 DM	- Fitneß	- Ausflugsfahrten
- Hummerspezialitäten	- Massage	- Veranstaltungen
- Rügentypische Angebote	- Bibliothek	- Sonderangebote

HOTEL am Strand BINZ ☎ **038393/350**
Strandpromenade 17/18
18598 Ostseebad Binz

FISCH · RESTAURANT

Kaiser's Gaststuben

Inh. Fam. Franz,
Boddenstraße 43,
18586 Groß Zicker
Tel. 03 83 08/3 00 91
Fax 03 83 08/83 84

- **Täglich**
von 11.30-22.00 Uhr
durchgehend warme Küche
- Terrasse mit freier Sicht
zum Greifswalder Bodden
- **Mönchguter**
Fischspezialitäten
- Fleisch- und kinder-
freundliche Gerichte
- Kaffee • Kuchen
- Eisbecher
- ideal für Reisegruppen

Hotel und Restaurant

Haus Schwanebeck

**Anspruchsvoll essen, trinken
und urlauben**

Inselküche, vegetarische Gerichte, fangfrischer
Fisch, saftige Steaks und knackige Salate
vielseitige Weinkarte * preiswerter Mittagstisch

Margaretenstraße 18 * 18609 Binz/Rügen * Tel.: 038393/2013, Fax: 038393/31734

Lassen Sie sich verwöhnen!

Gasthof »Zum Walfisch«

**seit vielen
Generationen in Familienbesitz**

- Mit einer gediegenen, traditionsbewußten und
sehr schmackhaften Küche
- Preiswerte Gästezimmer mit DU/WC, Tel., TV
in familiärer Atmosphäre
- 100 m bis zum Strand

Täglich von 12.00 - 14.30 Uhr
u. 17.00 - 23.00 Uhr geöffnet

Inh. Wolfgang & Ilona Kliesow • 18586 Lobbe/Rügen • Tel. 03 83 08/2 54 67

HOTEL AM MEER

Strandpromenade 34
18609 Binz
✆ 038393 / 44-0

TÄGLICH AB 21 UHR

SAHARA DIE BAR

**Die legendäre SAHARA-Atmosphäre
in neuem Glanz:
Top Drinks · Discothek · Live Musik**

---

1. . . .   2. . . .   3. . . .   4. . . .   5. . . .   6. . . .

Die Speisekarte, bitte!

Aktivität 3 Ein paar Spezialitäten

Sie sind in einem Restaurant. Einige Speisen stehen aber nicht auf der Speisekarte. Die Kellnerin sagt Ihnen, was Sie noch bestellen können. Kreuzen Sie an.

Gibt es . . .	JA	NEIN
1. Tomatensuppe?	☐	☐
2. Schweineschnitzel?	☐	☐
3. Blutwurst?	☐	☐
4. einen Grillteller?	☐	☐
5. eine Obsttorte?	☐	☐
6. Weißbier?	☐	☐

Aktivität 4 Hin und her: Speisekarten

A. Sie sind Austauschstudentin in Frankfurt. Sie und Ihre Freundin essen am liebsten im Restaurant Saladin. Sie haben die Speisekarte für Montag, und Ihre Freundin fragt sie, was es am Montag gibt.

Sie hören: Welche Vorspeise gibt es am Montag?
Sie sagen: Am Montag gibt es Tomatensuppe, Salat und Krabbencocktail.

	VORSPEISEN	HAUPTGERICHTE	BEILAGEN	NACHSPEISEN
Mo.	Tomatensuppe Salat Krabbencocktail	Geschnetzeltes Brokkoli Toast Bratwurst	Karteffelpüree Nudeln Gemischtes Gemüse	Pudding Käsekuchen Erdbeertorte
Di.	Brokkolisuppe			
	Tomaten mit Mozzarella			

B. Fragen Sie Ihre Freundin jetzt, was für Dienstag auf der Speisekarte steht. Ergänzen Sie die Tabelle.

Sie hören: Vorspeisen
Sie fragen: Welche Vorspeisen gibt es am Dienstag?
Sie hören: Welche Vorspeisen gibt es am Dienstag? Am Dienstag gibt es Brokkolisuppe und Tomaten mit Mozzarella.

Thema 3

Im Restaurant

Aktivität 5 Familie Müller geht ins Restaurant.

Hören Sie zu, und ergänzen Sie die Sätze! Sie hören den Dialog zweimal.

1. Der Ober sagt: _____!

2. Familie Müller braucht _____.

3. Müllers möchten _____.

4. Alle Fenstertische _____.

5. Sie müssen _____ auf einen Fenstertisch warten.

6. Familie Müller sitzt _____.

7. Der Ober bringt ihnen gleich _____.

Aktivität 6 Familie Müller möchte bestellen.

Hören Sie sich den Dialog an. Kreuzen Sie an, was Familie Müller bestellt.

GERICHTE

☐ Jägerschnitzel
☐ Gulasch mit Nudeln
☐ Bockwurst mit Kartoffelsalat
☐ Gulaschsuppe
☐ Schweinebraten
☐ Wiener Schnitzel
☐ Sauerbraten

GETRÄNKE

☐ Wein
☐ Bier
☐ Orangensaft
☐ Apfelsaft
☐ Schokolade
☐ Cola
☐ Mineralwasser

Aktivität 7 Lückendiktat

Frau Müller erzählt ihrer Nachbarin über das Restaurant. Ergänzen Sie den Text. Sie hören den Text zweimal.

Gestern Mittag haben wir mit der ganzen Familie in unserem _____[1]

Zum Weißen Schwan gegessen. Das Restaurant ist sehr zu _____.[2]

Wir hatten einen schönen Platz direkt neben _____.[3] Das Essen war

gut und sehr _____.[4] Alle Speisen sind _____,[5]

und es hat nur DM 87,50 gekostet. _____[6] war auch gut. Können Sie

das glauben? Unser Hans wollte Bier trinken. Er ist doch erst 14 Jahre alt. Nach dem Essen

haben wir „Die kleine Meerjungfrau" im _____[7] gesehen.

_____[8] ist fantastisch. Das müssen Sie unbedingt sehen. Ich weiß,

dass es für _____[9] noch _____[10] gibt.

Grammatik im Kontext

Two-way Prepositions

Übung 1 Nach der Uni

A. Sie möchten wissen, was Ihre Freunde nach der Vorlesung machen. Stellen Sie Fragen, und machen Sie sich Notizen.

      Sie hören: Nummer 1
      Sie fragen: Wohin gehst du, Ralf?
      Sie hören: Ich habe großen Durst. Ich gehe in den Biergarten.
      Sie schreiben: 1. Ralf: *in den Biergarten*

2. Julia: _____

3. Klaus: _____

4. Marina: _____

5. Jost: _____

6. Bettina: _____

7. Max: _____

B. Sie unterhalten sich mit Paul, und er fragt, wo Ihre Freunde heute Nachmittag sind. Beantworten Sie seine Fragen mit Hilfe der Liste oben.

      Sie hören: 1. Wo ist Ralf?
      Sie sagen: Er ist im Biergarten.

HÖRTIPP

In the first part of this activity, you asked questions using **wohin**, so the preposition used in the answer required the accusative case. In this part you will hear questions with **wo**, so the preposition used in your answer will require the dative case.

---

    2. . . . 3. . . . 4. . . . 5. . . . 6. . . . 7. . . .

Übung 2 Bei Familie Lehmann

Sie sind Gast bei Familie Lehmann in Hellersdorf, einem Stadtteil von Berlin. Ihre Gastfamilie wohnt in einem großem Wohnhaus mit fünf anderen Familien. Ihr Freund besucht Sie und fragt, wo die Familien wohnen. Schauen Sie auf das Bild unten, und beantworten Sie seine Fragen.

> Sie hören: Wo wohnt deine Gastfamilie, die Familie Lehmann?
> Sie sagen: Sie wohnt über der Familie Scholle und neben der Familie Fiedler.

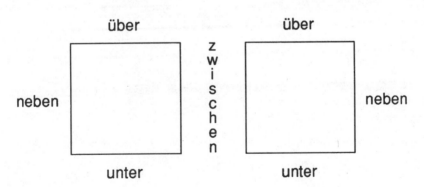

1. . . .   2. . . .   3. . . .   4. . . .   5. . . .

Describing Location and Placement

Übung 3 Alles durcheinander!°

A big mess!

Im Restaurant ist alles am falschen Platz. Sehen Sie sich das Bild genau (*carefully*) an. Beantworten Sie dann die Fragen! Zuerst hören Sie vier neue Wörter.

die Theke	*counter (in a bar)*
der Regenschirm	*umbrella*
die Vase	*vase*
die Blumen	*flowers*

Sie hören: Wo liegt die Speisekarte?

Sie sagen: Die Speisekarte liegt unter dem Tisch.

1. . . .   2. . . .   3. . . .   4. . . .   5. . . .   6. . . .

Übung 4 Wo soll das sein? Wo kommt das hin?

Der Ober sagt, wo alles im Restaurant hin soll.

A. Hören Sie zu, und machen Sie sich Notizen.

Sie hören: Die Weinflaschen stellen Sie hinter die Theke.

Sie schreiben: Weinflaschen: *hinter die Theke*

1. Weinflaschen: _____

2. Stühle: _____

3. Hunde: _____

4. Gabeln: _____

5. Speisekarten: _____

6. Blumen: _____

7. Vase: _____

8. Rechnung: _____

B. Beantworten Sie jetzt die Fragen.

    1. ...   2. ...   3. ...   4. ...   5. ...   6. ...   7. ...   8. ...

Expressing Time with Prepositions

Übung 5 Rund um die Uhr

Was machen Sie gewöhnlich um diese Zeit? Benutzen Sie die Liste für Ihre Antworten.

    Sie hören: Was machen Sie vor der Vorlesung?
    Sie sagen: Ich frühstücke.

frühstücken	arbeiten	ein Video sehen
fernsehen	lernen	ein Glas Bier trinken
ausgehen	zu Abend essen	faulenzen
schlafen	einkaufen gehen	?

    1. ...   2. ...   3. ...   4. ...   5. ...   6. ...

Expressing Events in the Past: The Simple Past Tense of *sein* and *haben*

Übung 6 Wo waren Sie und was hatten Sie?

Geben Sie persönliche Antworten auf die Fragen.

    Sie hören: Wo waren Sie denn am Wochenende?
    Sie sagen: Ich war mit Freunden auf einer Party.

oder   Sie hören: Welche Seminare hatten Sie gestern?
          Sie sagen: Ich hatte Deutsch und Biologie.

mit Freunden auf einer Party	im Kino
Deutsch	im Bett
vier Seminare	Philosophie
in Griechenland	in der Bibliothek
zu Hause	im Bus
im Schwimmbad	im Café
in der Stadt	?

    1. ...   2. ...   3. ...   4. ...   5. ...   6. ...

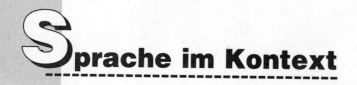

Sprache im Kontext

Restaurant Britzer Mühle. Sie hören ein Gespräch zwischen einem Gast und einem Kellner im Restaurant Britzer Mühle. Notieren Sie unten die Vorspeisen, Hauptgerichte, Beilagen, Nachtische, Preise, und die Tischreservierung.

Vorspeisen	Preise
_____	_____
_____	_____
_____	_____
Hauptspeisen	
_____	_____
_____	_____
_____	_____
Beilagen	
_____	_____
_____	_____
_____	_____
Nachspeisen	
_____	_____
_____	_____

Tischreservierung: Tag _____ Uhrzeit _____

Kapitel 7

Freizeit und Sport

Aussprache

Contrasting Consonant Sounds; initial *ch*

Consonant contrasts: **ch/r, l/r, ch/sch;**
consonant cluster **schst;** initial **ch**

Übung 1   The Contrast *ch / r* and *l / r*

As you have learned, **r** can be pronounced either in the back of the throat or with the tip of the
tongue. When **r** is pronounced in the back of the throat, it sounds similar to the guttural **ch,** as in
acht, au**ch,** and do**ch.** When **r** is pronounced with the tip of the tongue, it resembles the **l** sound.
Listen and repeat.

ch/r	l/r
ach / Art	halt / hart
Tochter / Torte	Geld / Gerd
Bach / Bart	wollt / Wort
Woche / Worte	wild / wird

Übung 2   The Contrast *ch / sch*

The soft **ch,** the **ch**-sound in **mi**ch** and **Mäd**ch**en,** is similar to the **sch**-sound in **Ti**sch** and **Sch**uss.**
Listen and repeat.

ch / sch	wich / wisch
Fächer / fescher	welch / Welsch
mich / misch	

Listen carefully and indicate with an *X* the word you hear pronounced. You will hear each word twice.

    Sie hören: Welsch

    Sie kreuzen an: ☐ welch   ☒ Welsch

1. ☐ durch   ☐ dusch
2. ☐ Fächer   ☐ fescher
3. ☐ Fichte   ☐ fischte
4. ☐ Furche   ☐ forsche
5. ☐ keuche   ☐ keusche
6. ☐ Löcher   ☐ Löscher

Übung 3 The Consonant Cluster *schst*

When pronouncing the consonant cluster **schst**, take care to pronounce both the **sch** sound, as in wi**sch**, and follow it with a distinct **st**-sound, as in i**st**. Listen and repeat.

    forschst
    löschst
    logischste
    mischst
    wischst

Übung 4 Initial *ch*

In words borrowed from other languages, initial **ch** is usually pronounced as it would be in the original language. Place names with an initial **ch** should be learned individually. Listen and repeat.

ENGLISH	FRENCH	GREEK	PLACE NAMES
Charter	Champagner	Chaos	Chemnitz
Chips	Charme	Charakter	Chiemsee
checken	Chef	Chor	Chur
	Chiffre	Christ	China
		Chemie	Chile
		Chirurg	Chikago

Alles klar?

Das Globus-Institut stellt die Frage: „*Wie viel Geld kostet die Freizeit?*" Inge und Jörg Dobmeier beantworten diese Frage für ihre Familie. Hören Sie gut zu. Markieren Sie die Kategorien unten mit einem Pluszeichen (+), wenn Dobmeiers mehr, und mit einem Minuszeichen (–), wenn sie weniger ausgeben als die typische deutsche Familie auf dem Schaubild. Dobmeiers wohnen in Baden-Württemberg, also schauen Sie auf das Budget für den Westen. Wenn Sie zu einer bestimmten Kategorie keine Information hören, schreiben Sie ein *X*.

	MEHR	WENIGER	KEINE INFORMATION
1. Urlaub	☐	☐	☐
2. Auto	☐	☐	☐
3. Sport, Camping	☐	☐	☐
4. Computer, Electronik	☐	☐	☐
5. Radio, TV	☐	☐	☐
6. Bücher, Zeitungen, Zeitschriften	☐	☐	☐
7. Garten, Tierhaltung	☐	☐	☐
8. Spiele, Spielwaren	☐	☐	☐
9. Theater, Kino	☐	☐	☐
10. Foto, Film	☐	☐	☐
11. Heimwerken	☐	☐	☐

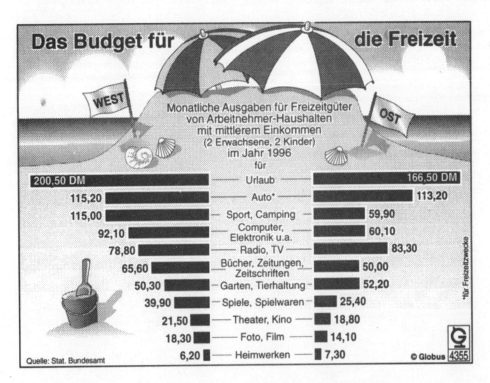

Das Budget für die Freizeit

Monatliche Ausgaben für Freizeitgüter von Arbeitnehmer-Haushalten mit mittlerem Einkommen (2 Erwachsene, 2 Kinder) im Jahr 1996 für

WEST — OST

200,50 DM	Urlaub	166,50 DM
115,20	Auto*	113,20
115,00	Sport, Camping	59,90
92,10	Computer, Elektronik u.a.	60,10
78,80	Radio, TV	83,30
65,60	Bücher, Zeitungen, Zeitschriften	50,00
50,30	Garten, Tierhaltung	52,20
39,90	Spiele, Spielwaren	25,40
21,50	Theater, Kino	18,80
18,30	Foto, Film	14,10
6,20	Heimwerken	7,30

*für Freizeitzwecke

Quelle: Stat. Bundesamt

© Globus 4355

Wörter im Kontext

Thema 1

Sportarten

Aktivität 1 Welche Sportart?

Einige Leute sprechen über ihren Lieblingssport. Kreuzen Sie an, über welche Sportart sie sprechen.

	FUSSBALL	EISHOCKEY	GOLF	WANDERN	SEGELN
1.	☐	☐	☐	☐	☐
2.	☐	☐	☐	☐	☐
3.	☐	☐	☐	☐	☐
4.	☐	☐	☐	☐	☐
5.	☐	☐	☐	☐	☐

Aktivität 2 Hin und her: Sport und Freizeit an der Ostsee

A. Was machen wir an der Ostsee? Sie wollen einige Tage mit Ihrem Freund Uwe an der Ostsee verbringen. Diskutieren Sie, was Sie machen können. Schauen Sie auf den Stadtplan von Bansin (auf der nächsten Seite), einem Ferienort nördlich von Swinemünde. Beantworten Sie Uwes Fragen.

> Sie hören: Können wir in Bansin Camping gehen?
> Sie sagen: Nein, in Bansin können wir nicht Camping gehen.

Sport, Freizeit und Sehenswürdigkeiten

Badestrand

Hallenbad

Segeln

Motorboote erlaubt

Surfing

Wasserski

Bootsverleih

Angeln erlaubt

Reiten

Golf

Minigolf

Tennis

Rundflug

1. ...   2. ...   3. ...   4. ...   5. ...   6. ...

B. Sie rufen bei der Information in Heringsdorf südlich von Bansin an und fragen, welche Sportarten man dort treiben kann. Kreuzen Sie die Aktivität an, die man in Heringsdorf machen kann.

> Sie hören: Camping gehen
> Sie fragen: Kann man in Heringsdorf Camping gehen?
> Sie hören: Nein, in Heringsdorf kann man nicht Camping gehen.
>   *oder* Ja, in Heringsdorf kann man Camping gehen. (Markieren Sie „Camping gehen".)

- ☒ Camping gehen
- ☐ Golf spielen
- ☐ Tennis spielen
- ☐ Angeln
- ☐ ein Boot mieten
- ☐ Surfen

Thema 2

Hobbys und andere Vergnügungen

Aktivität 3   Wie hat Martin letzte Woche seine Freizeit verbracht?

Sehen Sie sich die Bilder an, und sagen Sie, was Martin getan hat. Sie hören die richtige Antwort.

> Sie hören: Was hat Martin am Montag getan?
> Sie sagen: Martin hat mit dem Computer gespielt.

1. . . .   2. . . .   3. . . .   4. . . .   5. . . .   6. . . .   7. . . .   8. . . .

Aktivität 4 Was schlagen Sie vor?

Ralf und Sie planen Aktivitäten für das Wochenende. Schauen Sie sich die Bilder an, und beantworten Sie Ralfs Fragen.

> Sie hören: Was können wir denn am Wochenende
>   machen, wenn es nicht regnet?
> Sie sagen: Wir können Fahrrad fahren.

Thema 3

Das Wetter

Aktivität 5 Wie ist das Wetter?

Sie hören Wetterberichte aus drei Städten. Hören Sie zu, und kreuzen Sie an, wie das Wetter ist. Notieren Sie auch die Temperaturen. Sie hören jeden Bericht zweimal.

	STOCKHOLM	MÜNCHEN	ROM
sonnig	☐	☐	☐
wolkig	☐	☐	☐
Regenschauer	☐	☐	☐
Wind	☐	☐	☐
Temperatur	von _____°C bis _____°C	von _____°C bis _____°C	von _____°C bis _____°C

Aktivität 6 Das Wetter in Deutschland

Sie hören eine Beschreibung des Wetters in Deutschland. Stimmen die Sätze oder stimmen sie nicht? Korrigieren Sie alle falschen Sätze. Sie hören den Text zweimal.

	DAS STIMMT	DAS STIMMT NICHT
1. In Deutschland ist das Wetter meistens sehr angenehm.	☐	☐
2. Im Winter ist es sehr kalt.	☐	☐
3. Es schneit fast nie.	☐	☐
4. Es regnet viel.	☐	☐
5. Die Temperatur im Mai ist ungefähr 20 Grad Celsius.	☐	☐
6. Im Sommer ist es immer heiß, und es regnet selten.	☐	☐
7. Im Sommer gibt es morgens oft Gewitter.	☐	☐
8. Die Herbstmonate sind neblig und regnerisch.	☐	☐

Grammatik im Kontext

Connecting Ideas: Coordinating Conjunctions

Übung 1 Was machen junge Deutsche gern?

Schauen Sie sich die Bilder (auf dieser und der nächsten Seite) an, und bilden Sie Sätze mit **und**.

> Sie hören:　Was machen junge Deutsche gern?
>
> Sie sagen:　Junge Deutsche spielen gern Fußball und spielen gern Tennis.

Übung 2 Das SEZ oder Fernsehen?

Andreas und seine Freundin Nicole sprechen über ihre Pläne für den Abend. Hören Sie zu. Stimmt die Information unten, oder stimmt sie nicht?

	DAS STIMMT	DAS STIMMT NICHT
1. Mann kann beim SEZ schwimmen.	☐	☐
2. Nicole schwimmt gern.	☐	☐
3. Nicole bleibt zu Hause und sieht fern.	☐	☐
4. Andreas spielt eine Stunde Tennis.	☐	☐
5. Nicole will heute Abend mit Andreas Spanisch lernen.	☐	☐
6. Andreas will um 9 Uhr zurück sein.	☐	☐
7. Er soll Nicole ein Eis mitbringen.	☐	☐
8. Nicole will Pommes frites mit Majonäse.	☐	☐

Expressing Events in the Past: The Present Perfect Tense

Übung 3 Ein schöner Abend

Karin und Peter sind gestern Abend ausgegangen und hatten eine lustige Begegnung. Stimmen die Sätze oder stimmen sie nicht? Korrigieren Sie bitte alle falschen Sätze! Sie hören den Text zweimal.

		DAS STIMMT	DAS STIMMT NICHT
1.	Karin und Peter sind ins Kino gegangen.	☐	☐
2.	Sie haben „Das Phantom der Oper" gesehen.	☐	☐
3.	Nach der Vorstellung haben sie tolle Musik gehört.	☐	☐
4.	Im La Mamma haben sie keinen Tisch bekommen.	☐	☐
5.	La Mamma ist ein Treffpunkt für Schauspieler.	☐	☐
6.	Karin trinkt keine alkoholischen Getränke.	☐	☐
7.	Peter hat zur Pizza Rotwein getrunken.	☐	☐
8.	Nach der Pizza haben sie Obstsalat gegessen,	☐	☐

	DAS STIMMT	DAS STIMMT NICHT
9. Peter und Karin haben Stefan und Susanne in einem Eiscafé gesehen.	☐	☐

_____

_____

	DAS STIMMT	DAS STIMMT NICHT
10. Peter und Susanne kennen sich nicht.	☐	☐

_____

_____

Wissen Sie das? Warum haben Peter, Karin, Stefan und Susanne so gelacht?

_____

_____

Übung 4 Übers Wochenende

Sie hören einen Dialog zwischen zwei Freundinnen, Stefanie und Barbara. Ergänzen Sie den Text. Sie hören den Dialog zweimal.

STEFANIE: Hallo, Barbara! Was hast du am Wochenende _____[1]?

BARBARA: Grüß dich, Stefanie. Am Samstag bin ich mit Paul in die Disko

_____.[2] Wir sind nicht lange _____.[3] Letzte

Woche haben wir viele Prüfungen _____,[4] und wir

_____[5] so müde.

STEFANIE: Hast du dann am Sonntag lange _____[6]?

BARBARA: Ja, und ich _____[7] am Nachmittag mit Ellen im Kino.

STEFANIE: Was habt ihr _____[8]?

BARBARA: „Die Farbe lila." Kennst du den Film?

STEFANIE: Nein, aber das Buch habe ich _____.[9] Wie hat dir der Film

_____[10]?

BARBARA: Sehr gut. Die Schauspieler _____[11] fantastisch. Oprah Winfrey hat

die Schwiegertochter _____.[12]

STEFANIE: Wirklich? Ich kenne sie nur von ihren Talkshows. Wir haben über sie in einem Seminar

_____.[13]

Übung 5 Was hat Antje gemacht?

Doris sagt Ihnen, was Antje am Wochenende machen wollte. Bestätigen Sie, dass Antje alles gemacht hat.

> Sie hören: Antje wollte mit Melina frühstücken.
> Sie sagen: Sie hat mit Melina gefrühstückt.

> 1. ...   2. ...   3. ...   4. ...   5. ...   6. ...

Übung 6 Viel gemacht!

Hören Sie zu, und ergänzen Sie den Text. Sie hören den Text zweimal.

Letztes Wochenende _____[1] ich einen tollen Film

_____[2]—„Nosferatu" von Werner Herzog. Danach

_____[3] ich ein paar Bier mit meinen Freunden

_____.[4] Vorher _____[5] ich andere Freunde

_____.[6] Das war Samstag. Sonntag _____[7] ich

bis 12 Uhr im Bett _____.[8] Um 9 _____[9] meine

Eltern _____.[10] Sie _____[11] mich zum

Abendessen _____.[12] Um 12 _____[13] ich

_____[14] und _____[15]

_____.[16] Von 2 bis 4 _____[17] ich mit meiner

Freundin spazieren _____,[18] und gegen 5 _____[19]

ich zu meinen Eltern _____.[20] Ich _____[21]

bis 9 dort _____.[22] Ich war in einer Stunde wieder bei mir zu Hause,

und danach _____[23] ich ins Bett _____.[24]

Übung 7 Wann hat Birgit das zum letzten Mal gemacht?

A. Birgit erzählt Ihnen, was sie gern macht. Hören Sie zu, und schreiben Sie das Verb, das Sie hören, im Infinitiv.

> Sie hören: Ich lade gern Freunde ein.
> Sie schreiben: *einladen*

1. _____

2. _____

3. _____

4. _____

5. _____

6. _____

HÖRTIPP

In the first part of this activity Birgit uses the present tense to tell what she likes to do. You will use the *present perfect* tense to ask her when she did these things. Before you begin this next part of the activity, check the form of the past participle of the verbs Birgit used.

B. Wann macht Birgit alles? Sie hören noch einmal, was Birgit gern macht. Fragen Sie Birgit, wann sie das zum letzten Mal gemacht hat, und notieren Sie ihre Antwort.

      Sie hören: Ich lade gern Freunde ein.
      Sie fragen: Wann hast du zum letzten Mal Freunde eingeladen?
      Sie hören: Letzten Samstag habe ich zum letzten Mal Freunde eingeladen.
      Sie schreiben: *letzten Samstag*

1. _____   4. _____

2. _____   5. _____

3. _____   6. _____

C. Jetzt sind Sie dran. Wann haben Sie das zum letzten Mal gemacht? Geben Sie eine persönliche Antwort auf die Fragen.

      1. ...   2. ...   3. ...   4. ...   5. ...   6. ...

Sprache im Kontext

A. Sie hören noch einmal das Gespräch zwischen Inge und Jörg Dobmeier über ihre Freizeit- und Urlaubskosten. Notieren Sie die folgenden Informationen.

    1. Urlaub

       a. Wo? _____, _____ (Länder)

       b. Wann? _____ und

          _____

       c. Aktivität: _____

       d. Wie viel ausgegeben? _____

    2. Auto

       Wie viel ausgegeben? _____

3. Radio, TV

   a. Sieht Familie Dobmeier viele Videos? _____

   b. Leihgebühr pro Tag für ein Video: _____

   c. Wie viel ausgegeben? _____

4. Bücher, Zeitungen, Zeitschriften

   a. Abonnements (*subscriptions*): _____,

   _____, _____,

   _____, _____

   b. Wie viel ausgegeben? _____

5. Garten, Haustiere

   a. Welche Art von Haustier? _____

     Wie viele? _____

   b. Wie viel ausgegeben? _____

6. Spiele, Spielwaren

   a. Spiele _____

   b. Geschenke (Ulrike) _____

          (Tina) _____

   c. Wie viel ausgegeben? _____

7. Foto, Film

   a. Wer fotografiert? _____

   b. Fotos wo? von wem? _____,

   _____

   c. Wie viel ausgegeben? _____

8. Theater, Kino

   a. Wo? _____

   b. In welcher Stadt? _____

   c. Wie viel ausgegeben? _____

B. Jetzt sind Sie dran. Beantworten Sie einige Fragen über Ihre Freizeitaktivitäten und das Wetter.

   1. ...   2. ...   3. ...   4. ...   5. ...   6. ...

Kapitel 8

Wie man fit und gesund bleibt

Aussprache

Interference from Cognates and Common Foreign Words

Although the many cognates common to both German and English make it easy for the English speaker to learn German vocabulary, some similarities can cause interference with correct pronunciation.

Übung 1   The Letter *g*

As you have learned, the letter **g** in most German words is produced in the back of the throat with a sudden release of air. This **g** also occurs in many English words, for example *got*. Also common in English is a dental **g** sound produced at the front of the mouth with the air vibrating as it passes between the teeth, as in the word *gentle*. Listen and repeat.

ENGLISH	GERMAN
region	Region
Norwegian	norwegisch
evangelist	Evangelist
register	Register
vegetarian	Vegetarier

In some borrowed words, the **g** is soft like in English. Listen and repeat.

Garage	Gelee
Gendarm	Rage
Genie	Genre

Übung 2 The Letter *j*

Although **j** is pronounced as an English *y*, in some borrowed words the **j** is also pronounced as a soft **g**. Listen and repeat.

Jackett   Jalousie
Jargon   Jongleur
jonglieren   Journal

Übung 3 The Diphthong *eu*

English and German share many words borrowed from Greek that begin with **eu**. In German **eu** is pronounced similar to *oy* in the English words b*oy* or t*oy*. Listen and repeat.

ENGLISH	GERMAN
Europe	**Eu**ropa
eucalyptus	**Eu**kalyptus
euphemism	**Eu**phemismus
euphoria	**Eu**phorie
euthanasia	**Eu**thanasie

Übung 4 Vocalic *y*

The **y** in words borrowed from Greek is usually pronounced as a short *i* in English. In German it is pronounced as a long or short **ü**. Listen and repeat.

ENGLISH	GERMAN
Analysis	Analyse
lyric	Lyrik
physics	Physik
typical	typisch
gymnastics	Gymnastik
symbol	Symbol
symphony	Symphonie
dynamic	dynamisch

Übung 5 Word and Syllable Division

Students learning German often have problems determining word or syllable division in compound words. This results in slurring together letters that belong to separate words and should be pronounced separately. A common mistake is pronouncing the **sh**, in **Landshut**, like the English consonant cluster. First scan the following words and try to determine the two elements of the compound and mark their division. Then listen to the pronunciation and correct any mistakes. Listen and repeat.

Gundelsheim   Vereinshalle
Arbeitstag   Ludwigshafen
Ausbildungsplatz   Ausgangspunkt
Besatzungstruppen   Berufsheer
Vergnügungsort   Geburtsort
Zukunftsaussichten   Verkehrsamt

Übung 6 The Glottal Stop

The glottal stop is used in both English and German to avoid running words together. A glottal stop is made when the glottis, the space between the vocal cords at the upper part of the larynx, closes then quickly reopens. In English, we occasionally use the glottal stop, for example, to distinguish between *nitrate* and *night rate*. German uses the glottal stop much more frequently, especially in front of all vowels at the beginning of a syllable or word, e.g., **ein alter Opa**. Americans tend to run these words together (einalteropa).

You will hear short sentences read two times each. Indicate which reader uses the glottal stop.

1. a. ☐   b. ☐
2. a. ☐   b. ☐
3. a. ☐   b. ☐
4. a. ☐   b. ☐
5. a. ☐   b. ☐

Satzbeispiele. Listen to the following sentences. Repeat, using the glottal stop where indicated by the asterisk. Each sentence will be read twice.

1. Im *April hat *Andy *ein *aufregendes *Abenteuer *erlebt.
2. Er wollte *in *Österreich *angeln.
3. Er ist auf der *Autobahn von *Aachen nach *Innsbruck gefahren.
4. Am Morgen war das Wetter *angenehm, *aber gegen *Abend hat *es geschneit.
5. Er ist weitergefahren *und musste *im *Auto *übernachten.
6. Ein *Autofahrer hat *ihn *entdeckt *und hat *ihm geholfen.

Alles klar?

Lesen Sie die Anzeige für *Aktiv-Zeit*, ein Ferienprogramm für Kinder in Schruns / Österreich. Dann hören Sie ein Gespräch der Familie Römer über ihren Urlaub in Schruns. Unterstreichen Sie in der Anzeige, was Christoph (14 Jahre alt) und Andreas (8 Jahre alt) im Urlaub machen wollen.

Juniorclub *(von 9 bis 14 Jahren)*

- *Montag: Klettern*
- *Dienstag: Canyoning*
- *Mittwoch: Funpark*
- *Donnerstag: Bike-Tour*
- *Freitag: Abenteuer-Trail*

Abenteuerferien *(ab 9 Jahren)*

Für Kinder ab 9 Jahren ohne Begleitung der Eltern bieten wir Abenteuerferien im Montafon an.

Miniclub *(von 4 bis 8 Jahren)*

- *Sport: Klettern am Kletterturm, Biken, Rollerblading, Trampolinanlage, diverse Ballsportarten, New Games (Ballspiele)...*
- *Kreativität: Töpfern, Malen, Basteln, Schminkkurs, Buttons, Theaterspiele...*
- *Abenteuer: Ponyreiten, Indianerdorf, Bauernhof, Planwagenfahrt, Schatzsuche, Lagerfeuer...*

Adresse: *Aktiv-Zeit, Bahnhofstraße 4, A-6780 Schruns Telefon 05556/77781, Telefax 77782*

Wörter im Kontext

Thema 1

Fit und gesund

Aktivität 1 Annes Fitnessroutine

Anne sagt, was sie macht, um fit und gesund zu bleiben. Hören Sie zu und kreuzen Sie an, was Anne macht.

- ☐ jeden Tag laufen oder joggen
- ☐ regelmäßig ins Fitnesscenter gehen
- ☐ vegetarisch essen
- ☐ meditieren
- ☐ zweimal im Jahr Urlaub machen

- ☐ Stress reduzieren
- ☐ nicht rauchen
- ☐ viel Gemüse essen
- ☐ viel zu Fuß gehen

Aktivität 2 Meine Fitnessroutine

Was tun Sie für Ihre Gesundheit, und wie oft? Beantworten Sie die Fragen, die Sie hören. Schauen Sie sich die Listen unten an, und sagen Sie auch, warum Sie etwas tun oder warum nicht!

Sie hören: Meditieren Sie?
Sie sagen: Ja, ich meditiere einmal am Tag. Meditieren reduziert Stress.
oder Nein, ich meditiere nicht. Ich habe keine Zeit dazu.

WIE OFT?	WARUM?
nie/selten	macht mir (keinen) Spaß
ab und zu	ist gut/schlecht für die Gesundheit
manchmal	macht krank
regelmäßig	kostet zu viel Geld
einmal/zweimal die Woche	habe keine Zeit/Lust dazu
mindestens	ist zu anstrengend
höchstens	ist gesund / ist ungesund

1. ... 2. ... 3. ... 4. ... 5. ... 6. ... 7. ...

Thema 2

Der menschliche Körper

Aktivität 3 So bin ich!

Drei Personen beschreiben sich. Ergänzen Sie die Tabelle. Sie hören jeden Text zweimal. Sie hören zuerst drei neue Wörter.

breit *broad*
schwach *weak*
stark *strong*

	PERSON A	PERSON B	PERSON C
Wie groß ...?	1,65 m		
Haare		blond	
Augen			grün
Hände und Füße			
Muskeln			
Schultern			
Beine			

Aktivität 4 Gute Besserung!

Andreas ist krank und liegt im Bett. Gabi kommt vorbei und will ihm helfen. Hören Sie zu. Was stimmt? Was stimmt nicht? Korrigieren Sie alle falschen Sätze.

	DAS STIMMT	DAS STIMMT NICHT
1. Gabi ist krank.	☐	☐
_____		
_____		
2. Andreas hat Halsschmerzen.	☐	☐
_____		
_____		
3. Andreas soll in die Sauna gehen.	☐	☐
_____		
_____		
4. Er soll heißen Tee trinken.	☐	☐
_____		
_____		
5. Andreas will heute ins Kino gehen.	☐	☐
_____		
_____		
6. Gabi hält Tabletten für nicht gesund.	☐	☐
_____		
_____		
7. Gabi muss nächste Woche eine Arbeit an der Uni abgeben.	☐	☐
_____		
_____		

Aktivität 5 Was fehlt dir denn?

Ihre Freunde sind krank und berichten Ihnen ihre Symptome. Fragen Sie noch einmal nach und geben Sie dann Rat. Benutzen Sie dazu die Liste (auf der nächsten Seite).

Sie hören: Ich fühle mich so schlapp.
Sie sagen: Du fühlst dich so schlapp?
Nimm täglich eine Multivitamintablette!

Nimm ein paar Aspirin.
Geh zum Arzt.
Leg dich ins Bett.
Trink heißen Tee mit Rum.
Trink einen Kräuterschnaps (*herbal schnapps*).

Nimm ein heißes Bad.
Geh zum Zahnarzt.
Trink Kamillentee.
Nimm eine Baldriantablette (*valerian tablet*).

1. . . . 2. . . . 3. . . . 4. . . . 5. . . . 6. . . . 7. . . . 8. . . .

Thema 3

Morgenroutine

Aktivität 6 Was macht Sabine morgens?

A. Hören Sie zu, und bringen Sie die Bilder in die richtige Reihenfolge von 1–8. Sie hören den Text zweimal.

B. Beantworten Sie jetzt die Fragen.

1. . . . 2. . . . 3. . . . 4. . . . 5. . . . 6. . . . 7. . . . 8. . . .

Grammatik im Kontext

Connecting Sentences: Subordinating Conjunctions

Übung 1 Was meinen Sie?

Nehmen Sie Stellung zu den Äußerungen, die Sie hören. Was glauben Sie? Was glauben Sie nicht?
Sie hören zuerst zwei neue Wörter:

> **beruhigen**   *to calm*
> **verderben**   *to upset* (in diesem Kontext)
>
> Sie hören: Bananen stärken das Kurzzeitgedächtnis (*short-term memory*).
> Sie sagen: Ja, ich glaube, dass Bananen das Kurzzeitgedächtnis stärken.
>   *oder*   Nein, ich glaube nicht, dass Bananen das Kurzzeitgedächtnis stärken.
>
> 1. ...   2. ...   3. ...   4. ...   5. ...

Übung 2 Warum nicht?

Beantworten Sie die Fragen. Sagen Sie, warum die anderen nicht mitmachen wollen.

> Sie hören: Warum gehst du nicht kegeln? Hast du Rückenschmerzen?
> Sie sagen: Ja, ich gehe nicht kegeln, weil ich Rückenschmerzen habe.
>
> 1. ...   2. ...   3. ...   4. ...   5. ...   6. ...

Übung 3 Was tut man in dieser Situation?

A. Einige Leute sagen, was sie in verschiedenen Situationen tun. Hören Sie zu, und machen Sie
sich Notizen.

> Sie hören: —Manuela, was tust du, wenn du schlecht gelaunt bist?
>   —Wenn ich schlecht gelaunt bin, bleibe ich im Bett.
> Sie schreiben: Wenn Manuela schlecht gelaunt ist, *bleibt sie im Bett*.

1. Wenn Benjamin deprimiert ist, _____.

2. Wenn Doris Bewegung braucht, _____.

3. Wenn Frank gestresst ist, _____.

4. Wenn Beate Langeweile hat, _____.

5. Wenn Bärbel müde ist, _____.

6. Wenn Karola Urlaub machen will, _____.

B. Und was machen Sie in diesen Situationen? Geben Sie Ihre eigene Antwort auf die folgenden
Fragen.

> 1. ...   2. ...   3. ...   4. ...   5. ...   6. ...

Übung 4 Seine Eltern wollten wissen, . . .

Wolfgang will mit seinen Freunden ins Rockkonzert. Was wollten seine Eltern darüber wissen?

> Sie hören: Welche Gruppen spielen?
> Sie sagen: Seine Eltern wollten wissen, welche Gruppen spielen.

> 1. . . .   2. . . .   3. . . .   4. . . .   5. . . .   6. . . .   7. . . .

Reflexive Pronouns and Verbs

Übung 5 Beim Arzt

Frau Berger ist bei Herrn Dr. Stephan in der Sprechstunde und spricht mit ihm über ihre Probleme. Hören Sie das Gespräch zwischen Dr. Stephan und Frau Berger. Markieren Sie dann die richtige Antwort.

> BEISPIEL: Frau Berger . . .
>
> a. stellt sich hin   b. setzt sich hin   c. legt sich hin
>
> Die Antwort ist: __b.__

Frau Berger . . .

1. _____ so schlapp.
   a. beschwert sich   b. fühlt sich   c. bewegt sich

2. soll sich endlich vom Arzt _____ lassen.
   a. informieren   b. untersuchen   c. unternehmen

3. _____ über Kopfschmerzen und Nervosität.
   a. bedankt sich   b. beschwert sich   c. freut sich

4. _____ nie; sie arbeitet im Büro und im Haushalt.
   a. wäscht sich   b. freut sich   c. entspannt sich

5. _____ für Sport.
   a. interessiert sich   b. interessiert sich nicht   c. freut sich

6. soll sich drei Wochen im Odenwald _____.
   a. erholen   b. fit halten   c. leisten

7. _____ die Kur im Odenwald.
   a. freut sich auf   b. freut sich nicht über   c. beschwert sich über

Übung 6 Ein toller Urlaub

Das Semester ist bald zu Ende, und Laura spricht mit Bettina über ihre Pläne. Hören Sie sich den Dialog an, und ergänzen Sie die Sätze mit der richtigen Form der Reflexivverben. Sie hören zuerst ein paar neue Wörter:

Langlauf	*cross-country skiing*
Schlittschuh laufen	*to skate*
die Bergbahn	*here: cogwheel train*
Schlitten	*sleigh*

1. Laura muss _____ _____.

2. Laura hat _____ dieses Semester sehr _____.

3. Laura und Karl _____ _____ sehr für Wintersport.

4. Sie können _____ nach dem Skifahren im Thermalbad _____.

5. Bettina kann _____ im Augenblick keinen Urlaub _____.

Übung 7 Ratschläge

Sagen Sie Ihren Freunden, was sie tun sollen.

> Sie hören: Wie kann ich mich entspannen?
> Sie sehen: in der Sauna
> Sie sagen: Entspanne dich in der Sauna!

1. an der Ostsee
2. aufs Sofa
3. auf den Stuhl
4. im Bad
5. mit Yoga
6. bei Professor Bergel

Übung 8 Was macht man alles?

Hören Sie sich die Mini-Dialoge an, und notieren Sie das Subjekt und das Reflexivpronomen, die Sie hören.

> Sie hören: A: Wir fahren in fünf Minuten los.
>   B: Warte mal, ich muss mir die Haare kämmen.
> Sie schreiben: _ich_   _mir_

SUBJEKT	REFLEXIVPRONOMEN
1. A: _____	_____
B: _____	_____
2. A: _____	_____
3. A: _____	_____
4. A: _____	_____
B: _____	_____
5. A: _____	_____
6. A: _____	_____
B: _____	_____

Übung 9 Probleme, Probleme

Es gibt einige Probleme. Finden Sie zu jedem Problem die passende Lösung (*solution*) unten. Sie hören zuerst ein neues Wort.

> **Gummibärchen** *gummy bear(s)*

> Sie hören: Ich habe am Auto gearbeitet, und meine Hände sind schmutzig.
> Sie sagen: Ich wasche mir die Hände.

1. _____
2. _____
3. _____
4. _____
5. _____
6. _____
7. _____

a. Ich ziehe mir einen Pullover an.
b. Sie macht sich einen Tee mit Rum.
c. Ich wasche mir die Hände.
d. Wir kaufen uns Bier.
e. Wir kaufen uns einen Honda.
f. Sie müssen sich die Zähne putzen.
g. Ihr macht euch eine Pizza.

Sprache im Kontext

A. Sie hören noch einmal das Gespräch der Familie Römer. Was erfahren Sie über die Familie? Ergänzen Sie die Sätze.

1. Christoph spielt _____. (Musikinstrument)

2. Andreas spielt gern mit _____.

3. Herr und Frau Römer wollen ihren Urlaub nicht in _____ und auch

   nicht am _____ verbringen. Sie fahren diesen Sommer in die

   _____ nach _____. Sie haben schon einige

   _____ geplant.

4. Christoph findet Klettern _____ und Frau Römer findet Canyoning

   _____.

5. Andreas meint, dass Ponyreiten für _____ ist. Ein Lagerfeuer ist immer

   _____.

6. Familie Römer fährt erst im _____ weg.

B. Lesen Sie die Anzeige für *Aktiv-Zeit* (auf Seite 127) noch einmal und beantworten Sie die Fragen, die Sie hören.

> 1. . . . 2. . . . 3. . . . 4. . . . 5. . . . 6. . . .

Kapitel 9

In der Stadt

Alles klar?

Lesen Sie zuerst die Informationen vom Amt für Tourismus Weimar. Hören Sie sich dann die folgenden Gespräche an. Welches Gespräch passt zu welchem Thema?

THEMEN

_____ Reiseleitung für Gruppen

_____ Zimmervermittlung

_____ Souvenirs

_____ Publikationen

_____ Theaterkartenverkauf

Amt für Tourismus und Weimar-Werbung

Tourist-Information und Kongreß-Service Weimar

Markt 10
99421 Weimar

Tel.: (0 36 43) 24 00-0
Fax: (0 36 43) 24 00-40
eMail: tourist-info@weimar.de

Unsere Leistungen:

- Hotel- und Privatzimmervermittlung
- Restaurantvermittlung
- Stadtführungen für Einzeltouristen täglich 11.00 Uhr und 14.00 Uhr
- Gästeführer, Reiseleitung für Gruppen
- Pauschalprogramme füe Einzel- und Gruppenreisende
- Ticket-Service einschließlich Theaterkartenverkauf
- Souvenirs aller Art
- WeimarCard - für 3 Tage

Wörter im Kontext

Auf der Suche nach Unterkunft

Aktivität 1 Einzelzimmer? Doppelzimmer?

Peter ist in Deutschland unterwegs und braucht ein Hotelzimmer. Er ruft im Hotel „Zum Seeblick" an und spricht mit dem Inhaber (*owner*). Hören Sie zu, und ergänzen Sie die Tabelle.

	EIN EINZELZIMMER . . .			
	OHNE BAD	MIT BAD	OHNE DUSCHE	MIT DUSCHE
1. Peter sucht . . .				
2. Im Hotel gibt es nur noch . . .				
3. Peter nimmt . . .				
4. Wie viel kostet . . . ?				
5. Was hat sein Zimmer? ☐ eine Sauna ☐ Telefon ☐ einen Farbfernseher				

Aktivität 2 Beim Fremdenverkehrsamt

Drei Leute suchen ein Hotelzimmer. Sie sagen, was für ein Zimmer sie brauchen. Hören Sie zu, und ergänzen Sie die Tabelle. Markieren Sie ein X in der Tabelle, wenn es keine Information gibt.

	WAS FÜR EIN ZIMMER?	PREIS?	WO?	WIE LANGE?
1.				
2.				
3.				

Thema 2

Im Hotel

Aktivität 3 Ankunft

Frau Baldwin kommt im Insel Hotel an. Sie muss sich bei der Rezeption anmelden. Hören Sie zu, und ergänzen Sie die Information unten.

Länge des Aufenthalts: _____

Zimmer (Einzel-, Doppel-): _____

mit/ohne Bad: _____.

Stock: _____

Nummer: _____

Frühstück: wo? _____ wann: _____

Besuch: _____ wann: _____

Aktivität 4 Im Insel Hotel

Sie hören jetzt einige Informationen über die Zimmerausstattung und den Service im Insel Hotel. Kreuzen Sie an, was man im Zimmer oder im Hotel findet.

SERVICE-INFORMATION	
IM ZIMMER	IM HOTEL
☐ Fernseher ☐ Fernbedienung (*remote control*) ☐ Kühlschrank/Minibar ☐ Telefon ☐ Videogerät	☐ Etagenbad ☐ Faxservice ☐ Kopierservice ☐ Restaurants ☐ Sauna

Aktivität 5 Abreise

A. Frau Baldwin reist ab. Sie geht an die Rezeption. Hören Sie sich den Dialog an, und vergleichen Sie die Aussagen mit der Information auf der Rechnung.

RESTAURANT + CAFE

INSEL HOTEL · THEATERPLATZ 5-7 · 53177 BONN

```
Fulbright
Lehrertagung
Frau Kerstin Rosée                              30.07.94
Theaterplatz 1a

53177 Bonn
Rechnung 942810     Zimmer 0224

Gastname Frau Baldwin
Anreise  28.07.94  Abreise  31.07.94 (3 Übernachtungen)
```

Datum	Bezeichnung	Einzel DM	Gesamt DM
28.07.94	29 Telefon	0.70	20.30
29.07.94	2 Tage Zusatzbett	50.00	100.00
	Rechnungsbetrag:		**120.30**

%	MwSt	Netto
15.00	15.69	104.61

```
Der Betrag wurde dankend erhalten.


Mit freundlicher Empfehlung

INSEL HOTEL GmbH
```

B. Sie hören den Dialog noch einmal. Beantworten Sie jetzt die Fragen, die Sie hören.

1. ... 2. ... 3. ... 4. ... 5. ... 6. ... 7. ...

Thema 3

Ringsum die Stadt

Aktivität 6 Wie kommen wir zum Museum?

Manfred und Helga sind zu Besuch in Weimar und möchten ins Goethe-Museum gehen. Sie wissen aber nicht, wie sie dahin kommen. Hören Sie sich den Dialog an, und ergänzen Sie die Lücken. Sie hören den Dialog zweimal.

MANFRED: Du, Helga, wollen wir heute Nachmittag ins Goethe-Museum gehen?

HELGA: Gute Idee. Weißt du, wo es _____[1]?

MANFRED: Ich glaube, es ist _____ _____ _____[2] hier, in der

Nähe des Parks. Ich frage mal bei der _____.[3] . . .

_____.[4] . . .

FRAU: Ja, bitte, wie kann ich Ihnen helfen?

MANFRED: Wie kommen wir am besten von hier zum Goethe-Museum?

FRAU: Das ist ganz einfach. Es liegt in der Nähe. Sie können _____

_____[5] gehen. Gehen Sie zuerst nach _____[6]

bis zur ersten _____,[7] dann wieder _____.[8]

Da sehen Sie _____[9] schon den Park an der Ilm. Dann gehen Sie

_____[10] bis zum Frauenplan. Dort steht Goethes Wohnhaus und

das Museum.

MANFRED: Vielen Dank.

FRAU: Bitte sehr. Und wenn Sie sich für Goethe interessieren, sollten Sie auch die Goethe-

und-Schiller-Gruft auf dem _____[11] und das Gartenhaus im

_____[12] besuchen.

Aktivität 7 Hin und her: Interlaken

A. Sie sind nach Interlaken/Schweiz zu den Wilhelm-Tell-Freilichtspielen (*outdoor performances*) gefahren. Sie stehen vor dem Bahnhof und fragen nach dem Weg zum Tellspiel, zum Jungfrau-Camp und zum Badestrand. Zeichnen Sie (*Draw*) den Weg, so wie Sie ihn hören, auf dem Plan ein.

> Sie hören: Post
> Sie sagen: Wie komme ich zur Post?
> Sie hören: Wie kommen Sie zur Post? Gehen Sie die Bahnhof-Straße geradeaus. Die Post ist dann links.

INTERLAKEN

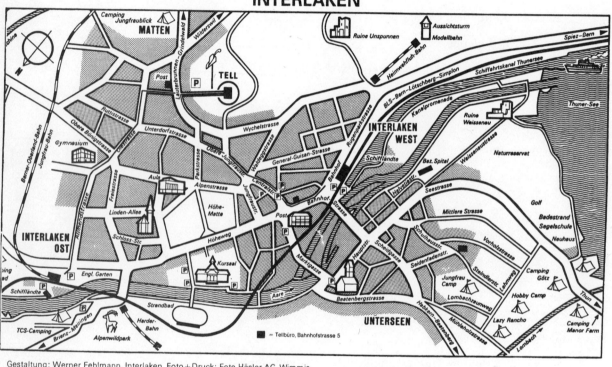

Gestaltung: Werner Fehlmann, Interlaken Foto+Druck: Foto Häsler AG, Wimmis

B. Sie sind schon einige Tage in Interlaken und wissen, wo alles ist. Sie stehen vor dem Kursaal, und ein Tourist fragt Sie nach dem Weg zu einigen Orten. Stoppen Sie die Kassette oder CD und finden Sie auf dem Stadtplan den Weg zum Camp Jungfraublick, Alpenwildpark, und zur Segelschule. Beantworten Sie die Fragen des Touristen.

> Sie hören: Wie komme ich zum Gymnasium?
> Sie sagen: Gehen Sie den Hoheweg geradeaus, dann die Allmendstraße rechts, und das Gymnasium ist dann links, Ecke Obere Bönigstraße.

1. ... 2. ... 3. ...

Aktivität 8 Wie kommt man dahin?

Sie essen im Hotel „Goldener Löwe" zu Abend. Ein neuer Hotelgast fragt Sie nach dem Weg. Sehen Sie auf den Plan (auf der nächsten Seite), und sagen Sie ihm, wie er gehen muss.

> Sie hören: Wie komme ich zur Bank?
> Sie sagen: Gehen Sie zwei Straßen geradeaus, dann rechts.

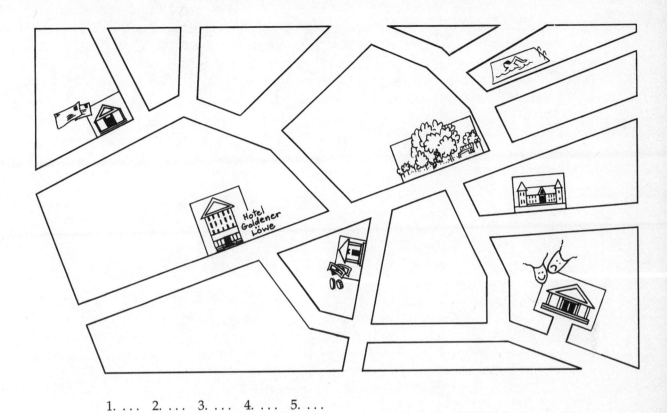

1. . . .   2. . . .   3. . . .   4. . . .   5. . . .

Grammatik im Kontext

The Genitive Case

Übung 1 Fotos meiner Familie und meiner Freunde

Sehen Sie auf die Bilder (auf der nächsten Seite) und sagen Sie, wessen Foto das ist.

Sie hören: Und das Foto da?
Sie sagen: Das ist ein Foto meiner Schwester.

Schwester

Mutter

Vater

Hund

Katze

Großeltern

Professor

Freunde

Übung 2 Familie Göttges besucht München.

Familie Göttges kommt am Bahnhof an und fährt dann mit einem Taxi zum Hotel. Hören Sie das Gespräch mit dem Taxifahrer, und ergänzen Sie die Sätze.

1. Pension Diana liegt nicht außerhalb _____.

2. Pension Diana liegt in der Nähe _____.

3. Der Taxifahrer macht wegen _____ einen

   Umweg.

4. Der Taxifahrer gibt Herrn Göttges während _____ einen Tipp.

5. Herr Göttges möchte wissen, was die schönsten Museen

   _____ sind.

6. Die Familie sollte wegen _____ zum Deutschen Museum

   gehen.

7. Das Spielzeugmuseum liegt am Ende _____, in

der Nähe _____.

8. Die Kinder werden während _____ viel lernen.

Attributive Adjectives

Übung 3 Dieters Heimatstadt

Dieter beschreibt seine Heimatstadt (*hometown*) Düsseldorf. Hören Sie gut zu, und ergänzen Sie die Adjektivendungen. Sie hören den Text zweimal.

Meine Heimatstadt Düsseldorf liegt im Westen von Deutschland am berühmt_____[1]

Rhein (*m.*). Es ist eine alt_____[2] Stadt mit interessant_____[3] Sehenswürdigkeiten, z.B. dem

hoh_____[4] Fernsehturm (*m.*). und der schön_____,[5] modern_____[6] Rheinpromenade (*f.*).

Im historisch_____[7] Zentrum (*n.*) liegt die romantisch_____[8] Altstadt mit gemütlich_____[9]

Kneipen und teur_____[10] Restaurants. Es gibt auch einig_____[11] Museen, eine jung_____[12]

Universität und ein bekannt_____[13] Theater in Düsseldorf.

Übung 4 Gastfreundlichkeit an der Mosel

Sie hören Werbungen für ein Restaurant, ein Café und ein Hotel in einer Stadt an der Mosel. Vergleichen Sie die Information, die Sie hören, mit der Liste unten, und sagen Sie dann, was es wo gibt.

Sie hören:　gemütlicher Speisesaal
Sie sagen:　Das Restaurant Goldkanne hat einen gemütlichen Speisesaal.

	RESTAURANT GOLDKANNE	KONDITOREI HANSEN	HOTEL ZUR POST
gemütlicher Speisesaal freundliche Bedienung gute Küche	x x x		
kleines Café kleiner Mittagstisch vormittags Kuchenverkauf		x x x	
zentrale Lage herrlicher Blick auf die Mosel ein großes Frühstücksbuffet			x x x

Übung 5 Wofür ist Amerika bekannt?

Sie sprechen mit einem deutschen Touristen über Amerika. Bestätigen (*Confirm*) Sie, was er sagt.

> Sie hören: Man sagt, dass die Autos in Amerika groß sind.
> Sie sagen: Ja, Amerika ist für seine großen Autos bekannt.

1. ...   2. ...   3. ...   4. ...   5. ...   6. ...   7. ...

Übung 6 Wir servieren immer das Beste!

Die Gäste im Restaurant „Waagehaus" sind sehr wählerisch (*picky*). Was antwortet die Kellnerin? Beantworten Sie die Fragen. Sie hören zuerst drei neue Wörter.

ausgepresst	*squeezed*
selbstgebraut	*home-brewed*
gewürzt	*spicy*

> Sie hören: Ist der Kaffee heiß?
> Sie sagen: Wir servieren immer heißen Kaffee.

HÖRTIPP

Die Endungen der Adjektive sind entweder **-e, -en** oder **-es.**

---

1. ...   2. ...   3. ...   4. ...   5. ...   6. ...   7. ...

Übung 7 Werbungen für Restaurants und Hotels

Hören Sie zu, und ergänzen Sie alle Adjektivendungen. Sie hören jeden Text zweimal.

Alte Kanzlei

Ein gut____[1] Weinkeller und eine gut____[2] Küche mit national____[3] und international____[4] Gerichten sorgen für Ihr leiblich____[5] Wohlbefinden. Eine romantisch____[6] Weinstube steht dem Liebhaber guter Weine zur Verfügung.

Warm____[7] Küche gibt es täglich von 11 Uhr 30 bis 23 Uhr.

Hotel Doktor-Weinstuben

In diesem historisch____[8] Haus finden Sie die kultiviert____[9] Atmosphäre best____[10] europäisch____[11] Gastlichkeit—selbstverständlich auch mit all____[12] modern____[13] Komfort.

Hotel Binz

In der Mitte der berühmt_____ [14] Altstadt, mit Blick auf das historisch_____ [15] Rathaus, liegt

unser gepflegt_____ [16] Familienhotel. Mehrer_____ [17] modernisiert_____ [18] Zimmer mit Dusche

und Toilette, Telefon und Farbfernseher bieten auch dem anspruchsvoll_____ [19] Gast Ruhe

und Erholung. In unserem gemütlich_____ [20] Restaurant und der romantisch_____ [21]

Weinstube können Sie die best_____ [22] international_____ [23] Gerichte bestellen. Wählen Sie

bei ein_____ [24] ausgezeichnet_____ [25] Wein, was Ihnen schmeckt!

Sprache im Kontext

weimar 99 kulturstadt europas

A. Sie hören eine Reportage über Weimar, die Kulturhauptstadt Europas 1999. Machen Sie sich Notizen. Sie hören in der Reportage die folgenden Namen:

Johann Sebastian Bach	Franz Liszt
Lucas Cranach	Friedrich Nietzsche
Johann Wolfgang von Goethe	Friedrich Schiller
Walter Gropius	Richard Strauß

1. Titel „Kulturhauptstadt Europas"

   a. Seit welchem Jahr? _____

   b. Wer verleiht (*awards*) den Titel? _____

2. In Weimar lebten und arbeiteten . . .

NAME	BERUF
a. _____	Maler
b. _____	Komponist
c. _____	Dichter
d. _____	Dichter
e. _____	Komponist
f. _____	Komponist
g. _____	Architekt

3. Weimar nennt man die „Wiege (*cradle*) der _____ _____".

4. Jubiläen (*anniversaries*) im Jahre 1999

    a. Goethes _____ Geburtstag

    b. Schillers _____ Geburtstag

    c. Reichsverfassung (*constitution*) vor _____ Jahren beschlossen

    d. Bauhaus vor _____ Jahren gegründet

5. Dunkler Moment der Weimarer Geschichte: _____

6. Sehenswürdigkeiten

    a. _____

    b. _____

    c. _____

    d. _____

    e. _____

B. Hören Sie zu und schauen Sie sich Ihre Notizen an. Beantworten Sie die Fragen, die Sie hören.

    Sie hören: Seit wann gibt es eine Kulturhauptstadt Europas?
    Sie sagen: Seit 1985.

    1. ...   2. ...   3. ...   4. ...   5. ...   6. ...   7. ...

Kapitel 10

Auf Reisen

Alles klar?

A. Sie hören drei Gespräche über den Urlaub. Entscheiden Sie, welche von den vier Anzeigen (auf dieser und der nächsten Seite) zu welchem Gespräch passt, und schreiben Sie die Nummer des Gesprächs neben die entsprechende Anzeige.

suchen + buchen
Reisen in alle Welt
supergünstige Restplätze
Wachmannstr. 48
☎ **34 00 66**

MITFAHRBÜRO
KÖRNERWALL
✆ 7 20 11 ✆ 7 20 22
✆ **19 440**
City-ADM-Line

Natur erleben
aktiv reisen
Urlaub mit dem Kanu

Letzte Plätze frei im
Aktiv-Sommerprogramm

Frankreich
Dordogne Fahrrad-Kanu	09. 07. - 23. 07.
Dordogne Wandern-Kanu	07. 08. - 21. 08.
Dordogne Kanu-Classic	24. 07. - 06. 08.
Dordogne-Ardèche-Kanu	05. 09. - 18. 09.
Allier-Kanu	22. 08. - 04. 09.

Schweden   Abreise jede Woche

Masurische Seenplatte
Kanutour Czarna Hancza	09. 07. - 15. 07.
	23. 07. - 29. 07.
Kanutour Krutynia	03. 08. - 12. 08.
	17. 08. - 26. 08.
Radtouren Masuren	31. 07. - 14. 08.
	21. 08. - 04. 09.

Toskana
Fahradtour	20. 10. - 30. 10.

KANUtouren auf der Lahn und KANUverleih. KANUtouren auf der Mecklenburger Seenplatte und KANUverleih. Eltern-Kind-Touren. Betriebsausflüge – Klassenfahrten – Gruppenreisen.

LT-AKTIVREISEN
Lahntalstraße 45 · 35 096 Roth
☎ (0 64 26) 56 26 · Fax (0 64 26) 18 19

B. Spielen Sie die Gespräche noch einmal. Kreuzen Sie auf der Tabelle unten an, was stimmt, was nicht stimmt, und worüber Sie nicht genug Information haben.

	DAS STIMMT	DAS STIMMT NICHT	NICHT GENUG INFORMATION
1. Ulf war in Frankreich und hat Französisch gelernt.	☐	☐	☐
2. Er hat in der Nähe vom Strand gewohnt.	☐	☐	☐
3. Morgens war er in der Schule.	☐	☐	☐
4. Er hat für vier Wochen DM 650 bezahlt.	☐	☐	☐
5. Claudia hat im Urlaub gefaulenzt.	☐	☐	☐
6. Sie hat den Urlaub selbst geplant.	☐	☐	☐
7. Anja hat mit ihrem Freund Urlaub gemacht.	☐	☐	☐
8. Sie hat auf dem Wannsee gesegelt.	☐	☐	☐
9. Herr König ist Anjas Chef.	☐	☐	☐
10. Herr König faulenzt gern im Urlaub.	☐	☐	☐

örter im Kontext

Thema 1

Ich möchte verreisen . . . aber wie?

Aktivität 1 Wie fährt man dorthin?

Ein Studienkollege möchte gemeinsam mit Ihnen etwas unternehmen. Schauen Sie sich die Bilder an, und antworten Sie auf seine Fragen mit einem Vorschlag.

Sie hören: Wollen wir im Sommer nach Mexiko?
Sie sagen: Gute Idee, lass uns doch mit dem Auto hinfahren.

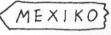

1.

2.

3.

4.

5.

Aktivität 2 Was nimmt man mit?

Beantworten Sie die Fragen mit Hilfe der Checkliste.

> Sie hören: Du fliegst Weihnachten nach Hawaii? Was nimmst du mit?
> Sie sagen: Ich nehme Sonnencreme, einen Badeanzug und ein gutes Buch mit.

CHECKLISTE

☐ Buch	☐ Kassettenrekorder	☐ Skier
☐ Sonnencreme	☐ Rucksack	☐ Abendkleid/Anzug
☐ Wanderschuhe	☐ Badeanzug	☐ warme Kleidung und Schuhe
☐ Reiseführer-USA	☐ Notizheft	☐ Lexikon
☐ bequeme Schuhe	☐ Sonnenbrille	

1. ...   2. ...   3. ...   4. ...   5. ...

Aktivität 3 Hin und her: Auf Reisen

A. Beantworten Sie die Fragen mit Hilfe der Information, die Sie in der Tabelle finden. Sie hören drei Fragen pro Person.

> Sie hören: Wohin fährt Henning Schmidt in den Urlaub?
> Sie sagen: Henning Schmidt fährt in den Schwarzwald.

	WER?	WOHIN FAHREN?	WAS DORT MACHEN?	WAS MITNEHMEN?
1.	Henning Schmidt	Schwarzwald	wandern	Rucksack Regenmantel Wanderschuhe
2.	Reiko Carstens	Frankreich	Französisch lernen	Lexikon Kassettenrekorder

B. Stellen Sie jetzt Fragen zu den nächsten drei Personen und tragen Sie die Information, die Sie hören, in die Tabelle (auf der nächsten Seite) ein. Stellen Sie drei Fragen pro Person.

> Sie hören: 1.
> Sie fragen: Wohin fährt Diana Schwalm in Urlaub?
> Sie hören: Wohin fährt Diana Schwalm in Urlaub? Sie fährt ans Mittelmeer.
> Sie schreiben: ans Mittelmeer

WER?	WOHIN FAHREN?	WAS DORT MACHEN?	WAS MITNEHMEN?
Diana Schwalm	1. *ans Mittelmeer*	2.	3.
Timo Paul	4.	5.	6.
Uta Ritter	7.	8.	9.

Thema 2

Im Reisebüro

Aktivität 4 Im Reisebüro

Frau Kuhn möchte verreisen. Sie geht ins Reisebüro und möchte mehr Information. Stimmt die Information, oder stimmt sie nicht? Korrigieren Sie die Sätze, die nicht stimmen.

		DAS STIMMT	DAS STIMMT NICHT
1.	Frau Kuhn hat im August zwei Wochen Urlaub.	☐	☐
2.	Sie möchte Abenteuerurlaub machen.	☐	☐
3.	Die Dame im Reisebüro hat einige Sonderangebote.	☐	☐
4.	Bei dem Sonderangebot für Teneriffa bekommt Frau Kuhn kein Frühstück.	☐	☐
5.	Der Flug gehört mit zum Sonderangebot.	☐	☐

6. Zur Nordsee muss Frau Kuhn mit dem
   Auto fahren.   ☐   ☐

   _____

   _____

7. In dem Hotel an der Nordsee gibt es Frühstück
   und Mittagessen.   ☐   ☐

   _____

   _____

8. Frau Kuhn will heute Nachmittag nochmal im
   Reisebüro anrufen.   ☐   ☐

   _____

   _____

Aktivität 5 Urlaubsangebote

Sie hören vier Urlaubsangebote. Ergänzen Sie die Tabelle.

	WO?	WAS?	ÜBERNACHTUNG?	WIE LANGE?	WIE TEUER?
1.	Südfrankreich				
2.		Sprachkurs			
3.			Zelt		
4.				drei Wochen	

Aktivität 6 Wohin sollen wir verreisen?

Familie Huber (Herr und Frau Huber, ihre Kinder Thomas und Carola) macht Pläne für den Urlaub. Hören Sie zu, und beantworten Sie dann die Fragen.

1. Wohin will Familie Huber dieses Jahr verreisen?

   _____

2. Was will Thomas tun?

   _____

3. Was sagt die Mutter dazu?

   _____

4. Wo will Thomas mit seinen Freunden übernachten?

_____

5. Was dürfen fast alle Schüler in Thomas' Klasse?

_____

6. Was denkt Herr Huber über Thomas' Plan?

_____

7. Und was denken Sie? Soll Thomas mit seinen Freunden oder mit seiner Familie in Urlaub fahren? Warum?

_____

Thema 3

Eine Fahrkarte, bitte!

Aktivität 7 Wohin fährt Norbert?

Norbert will mit dem Zug fahren. Hören Sie zu, und ergänzen Sie die Lücken.

Norbert kauft eine _____[1] von Köln nach Nürnberg. Er möchte dort

seine _____[2] besuchen. Er fährt mit dem _____[3] und kauft

eine Rückfahrkarte. Er muss auch _____[4] bezahlen. Sein

_____[5] fährt in 35 Minuten auf _____[6] 22 ab. In Frankfurt

hat Norbert eine _____[7] Aufenthalt. Er muss dort

_____.[8]

Aktivität 8 Am Fahrkartenschalter

Sie sind am Fahrkartenschalter und möchten eine Fahrkarte kaufen. Sie können den Beamten nicht gut verstehen. Was fragen Sie?

Sie hören: Eine Fahrkarte nach Braunschweig kostet 99 Mark.
Sie fragen: Wie bitte, was kostet eine Fahrkarte nach Braunschweig?

1. . . .   2. . . .   3. . . .   4. . . .   5. . . .   6. . . .

Aktivität 9 Auf dem Bahnhof

Sie hören fünf Bahnhofsansagen. Hören Sie zu, und ergänzen Sie die Lücken. Sie hören jede Ansage zweimal.

1. Karlsruhe Hauptbahnhof. Abfahrt nach _____ um 12.46 Uhr.

2. Ankunft des Zuges aus Halle auf Gleis _____.

3. D-Zug nach Leipzig, _____ bitte!

4. Die _____ schließen! Vorsicht bei der _____.

5. Vorsicht am _____, Abfahrt D-Zug nach Leipzig!

Grammatik im Kontext

Comparing Things and People

Übung 1 Und das ist genauso . . .

Beantworten Sie die Fragen.

> Sie hören: Der Film *Bad Lieutenant* ist interessant. Und *Pulp Fiction*?
> Sie sagen: Der Film *Pulp Fiction* ist genauso interessant wie *Bad Lieutenant*.

1. . . . 2. . . . 3. . . . 4. . . . 5. . . .

Übung 2 Das ist nicht so . . . wie . . .

Beantworten Sie die Fragen.

> Sie hören: Michael ist wirklich groß. Und Stefan?
> Sie sagen: Stefan ist nicht so groß wie Michael.

1. . . . 2. . . . 3. . . . 4. . . . 5. . . .

Übung 3 Wie finden sie das?

Einige Leute sprechen darüber, was sie bevorzugen (*prefer*). Schreiben Sie das Adjektiv, das Sie hören, und schreiben Sie dann, was die Leute bevorzugen.

> Sie hören: Welches Angebot findest du interessanter, das für die Radtour oder das für Wanderreisen? Das für die Radtour sieht interessanter aus.
> Sie schreiben:  *interessanter   Radtour*

ADJEKTIVE   WAS?

1. _____   _____

2. _____   _____

3. _____   _____

4. _____   _____

Übung 4 Noch besser!

Bei einem Klassentreffen (*class reunion*) unterhalten sich alte Schulfreunde. Jeder will seinen Gesprächspartner übertreffen (*outdo*). Beantworten Sie die Fragen.

> Sie hören: Heikes Wohnung ist groß. Und deine?
> Sie sagen: Meine Wohnung ist noch größer.

> 1. . . .   2. . . .   3. . . .   4. . . .   5. . . .   6. . . .   7. . . .

Übung 5 Vergleiche

Schauen Sie sich die Bilder (auf dieser und den nächsten zwei Seiten) an, und beantworten Sie die Fragen.

> Sie hören: Wer hat ein größeres Auto?
> Sie sagen: Horst hat ein größeres Auto.

1.

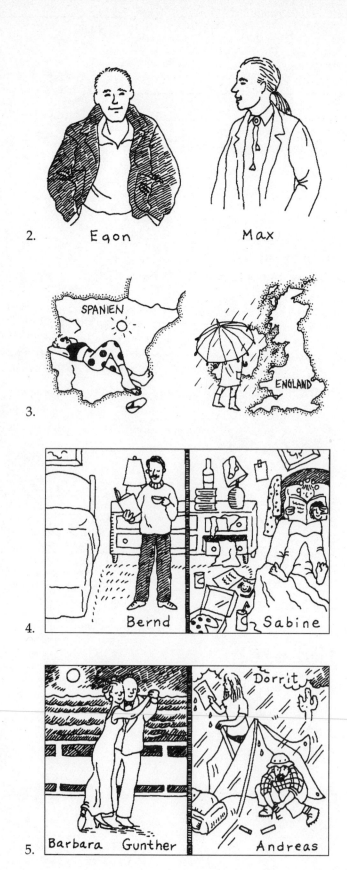

2. Egon   Max

3. SPANIEN   ENGLAND

4. Bernd   Sabine

5. Barbara Gunther   Dorrit   Andreas

6.

Übung 6 Beim Einkaufen im Kaufhaus

Hören Sie zu, und beantworten Sie die Fragen im Superlativ. Zuerst hören Sie ein neues Wort.

Seide   *silk*

Sie hören: Der Sessel ist bequemer als der Stuhl, aber das Sofa?
Sie sagen: Das Sofa ist am bequemsten.

1. ...   2. ...   3. ...   4. ...   5. ...

Übung 7 Neu in der Stadt

Hören Sie zu, und ergänzen Sie die Sätze.

Kaufland ist das _____[1] und

_____[2] Geschäft für Lebensmittel.

Fleisch und Auschnitt ist _____[3] und

_____[4] bei Bolle und Reichelt. Der Balkan-Grill

ist das _____[5] Restaurant. Die

_____[6] Kneipe liegt direkt gegenüber. Schuhe und

Kleider sind bei Hertie am _____.[7] Herr Streichhahn

ist der _____[8] Mieter. Er ist über 80 Jahre alt.

Narrating Events in the Past: The Simple Past Tense

Übung 8   Damals und heute

Ihre Tante Ingrid erzählt Ihnen von ihrer Studienzeit in Wien. Es ist jetzt alles anders als damals. Beantworten Sie die Fragen mit Hilfe der Liste. Sagen Sie, was anders ist.

> Sie hören: Ich hatte eine Wohnung außerhalb der Stadt. Und du?
> Sie sehen: ein Zimmer im Studentenwohnheim
> Sie sagen: Ich habe ein Zimmer im Studentenwohnheim.

1. mit dem Rad
2. meistens nur nachmittags
3. keine Pausen
4. in der Studentenkneipe
5. ins Kino
6. Feten

Übung 9   Familiengeschichte

Beantworten Sie die Fragen. (*Use the simple past tense in your answer.*)

> Sie hören: Wann hast du laufen gelernt?
> Sie sagen: Ich war ein Jahr alt, als ich laufen lernte.

1. zwei Jahre alt
2. fünf Jahre alt
3. acht Jahre alt
4. neun Jahre alt
5. achtzehn Jahre alt
6. siebzehn Jahre alt
7. neunzehn Jahre alt

Übung 10 Ein Märchen

Hören Sie zu, und ergänzen Sie die Verben im Präteritum. Zuerst hören Sie fünf neue Wörter.

sterben (starb)	to die
heiraten (heiratete)	to marry
der Herd	here: hearth
der König	king
die Fee	fairy

Es _____[1] einmal ein reicher Mann. Eines Tages _____[2]

seine Frau. Die beiden _____[3] eine Tochter, und der Mann

_____[4] eine Mutter für sie. Deshalb _____[5]

er eine Frau mit zwei Töchtern. Da _____[6] eine schlimme Zeit

für die Tochter an. Sie _____[7] für die anderen arbeiten und

_____[8] nur alte, graue Kleider tragen. Sie _____[9]

nicht im Bett, sondern _____[10] neben dem Herd in der Asche. Darum

_____[11] sie Aschenputtel.

    Eines Tages _____[12] der König ein großes Fest. Alle Mädchen

des Landes _____[13] zum Tanz kommen, denn der Sohn des Königs

_____[14] eine Frau. Die beiden Stiefschwestern _____[15]

ihre besten Kleider an. Die Stiefmutter _____[16] zu Aschenputtel:

„Du darfst nicht mitgehen, denn du hast keine Kleider und kannst nicht tanzen."

Und sie _____[17] ohne Aschenputtel zum Fest. Aschenputtel

_____[18] aber von einer guten Fee ein schönes Kleid und Schuhe

aus Gold. Sie _____[19] in einer eleganten Kutsche zum Fest, und der

Königssohn _____[20] den ganzen Abend nur mit ihr. Um Mitternacht

_____[21] sie aus dem Saal, und _____[22]

dabei einen goldenen Schuh. Der Königssohn _____[23] ihn und

_____:[24] „Ich muss wissen, wem dieser goldene Schuh passt.

Keine andere soll meine Frau werden."

    Sie wissen ja, wie die Geschichte endet. Der Schuh _____[25]

Aschenputtel, und der Prinz _____[26] sie auf sein Schloss.

    Und wissen Sie nun, wie diese Geschichte auf Englisch heißt? Können Sie es raten?

_____[27]

The Past Perfect Tense

Übung 11 Wann hat Anna alles gemacht?

Anna war heute sehr beschäftigt. Sehen Sie sich die Bilder an, und beschreiben Sie, wann Anna
alles gemacht hat.

        Sie hören: Wann hat Anna gefrühstückt?
        Sie sagen: Nachdem sie aufgestanden war.

1. . . . 2. . . . 3. . . . 4. . . . 5. . . . 6. . . . 7. . . .

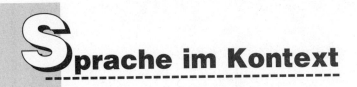

Sprache im Kontext

A. Bei einem Stadtrundgang gibt der Stadtführer folgende Beschreibungen. Hören Sie zu, und machen Sie Notizen.

1. Die Porta Nigra ist ein Stadt_____, das von den Römern gebaut wurde.

2. Sie ist _____ m hoch und _____ m breit.

3. Die Farbe der Porta Nigra war zuerst _____.

4. Die Zeit hat das Tor _____ gefärbt.

5. Das Dreikönigehaus wurde _____ erbaut.

6. Dieses Haus sieht aus wie ein _____.

7. Der Eingang war im _____ _____ und nur über eine _____ zu erreichen.

8. Das Karl-Marx-Haus ist ein typisches _____ aus dem 18. Jahrhundert.

9. Karl Marx wurde _____ geboren.

10. Die Konstantin-Basilika ist _____ so groß wie die Porta Nigra.

11. Die Basilika mit ihren 2,70 m dicken Mauern ist _____ m lang und _____ m hoch.

12. _____ waren aus Alabaster.

13. Im Amphitheater hatten _____ Zuschauer Platz.

14. Die Zuschauer erreichten ihre Sitzplätze über _____.

B. Ein Freund besucht Sie und hat einige Fragen über die Stadt Trier. Sehen Sie sich Ihre Notizen noch einmal an, und beantworten Sie die Fragen.

1. ... 2. ... 3. ... 4. ... 5. ...

Kapitel 11

Der Start in die Zukunft

Alles klar?

Lesen Sie das Wunschprofil von Unternehmern (*employers*). Was erwarten Arbeitgeber von jungen Deutschen, die studiert haben?

Sie hören, was einige Studenten über ihre Ausbildung sagen. Welcher Student oder welche Studentin erfüllt welche Wünsche im Wunschprofil? Mehr als eine Antwort ist möglich.

Sie hören: Ich heiße Helena und kann Russisch, Englisch und Französisch sprechen.

Sie schreiben: *2* Helena

_____ Jana

_____ Henning

_____ Kathleen

_____ Alexander

WUNSCHPROFIL
Was Unternehmer von
Akademikern erwarten.

1 **Flexibilität**
2 **Fremdsprachenkenntnisse**
3 **Praktische Berufserfahrung**
4 **Studiendauer**
5 **Informatik-Kenntnisse**
6 **Note des Examens**
7 **Auslandsaufenthalt**
8 **Hochschulort**
9 **Promotion** [1]
10 **Studium im Ausland**
11 **Ausländischer
   Hochschulabschluß**

1. *Ph.D.*

Wörter im Kontext

Meine Interessen, Wünsche und Erwartungen

Aktivität 1 Ihr zukünftiger Beruf

A. Fünf junge Leute sprechen über ihr zukünftiges Berufsleben. Was für Wünsche und Erwartungen haben sie? Hören Sie zu, und machen Sie Notizen in der Tabelle.

PERSON	WÜNSCHE UND ERWARTUNGEN
Andre	*Arbeit soll Spaß machen, Prestige nicht wichtig*
Linda	
Matthias	
Heidi	
Karl	

B. Hören Sie die Texte noch einmal an. Über welche früheren Erfahrungen sprechen diese Leute? Schreiben Sie die Sätze zu Ende.

1. Andre *ist nicht gern zur Schule gegangen.*

2. Linda _____

   _____ .

3. Matthias _____

   _____ .

4. Heidi _____

   _____ .

5. Karl _____

   _____ .

Aktivität 2 Hin und her: Im Beruf

A. Beantworten Sie die Fragen mit Hilfe der Information, die Sie in der Tabelle finden. Sie hören zwei Fragen pro Person.

Sie hören: Was ist Corinna von Beruf?
Sie sagen: Corinna ist Sozialarbeiterin.
Sie hören: Warum macht sie das?
Sie sagen: Weil sie gern mit Menschen arbeitet.

	PERSON	BERUF	WARUM MACHT ER/SIE DAS?
1.	Corinna Eichhorn	Sozialarbeiterin	arbeitet gern mit Menschen
2.	Karsten Müller	Informatiker	arbeitet gern mit Computern
3.	Erika Lentz	Musikerin	liebt Musik

B. Stellen Sie jetzt Fragen zu den nächsten drei Personen und tragen Sie die Information, die Sie hören, in die Tabelle ein.

Sie hören: 1.
Sie fragen: Was ist Alex Böhmer von Beruf?
Sie hören: Was ist Alex Böhmer von Beruf? Er ist Automechaniker.
Sie schreiben: *Automechaniker*

Sie hören: 2.
Sie fragen: Warum macht er das?
Sie hören: Warum macht er das? Weil er Autos liebt.
Sie schreiben: *liebt Autos*

PERSON	BERUF	WARUM MACHT ER/SIE DAS?
Alex Böhmer	1.	2.
Franz Marc	3.	4.
Ruth Nader	5.	6.

Aktivität 3 Wie Sie arbeiten möchten

Hören Sie die folgenden Fragen. Geben Sie persönliche Antworten.

> Sie hören: Arbeiten Sie lieber mit Menschen oder mit Tieren?
> Sie sagen: Ich arbeite lieber mit Menschen.

1. ... 2. ... 3. ... 4. ... 5. ... 6. ...

Thema 2

Berufe

Aktivität 4 Was soll ich werden?

Einige Schüler sagen Ihnen, was sie gerne tun. Schlagen Sie ihnen einen Beruf von der Liste vor.

> Sie hören: Ich repariere gerne alte Autos.
> Sie sagen: Dann solltest du Automechaniker werden.

Architekt
Meteorologe
Automechaniker
Ingenieurin
Programmierer
Schauspielerin
Ärztin
Musikerin

1. ... 2. ... 3. ... 4. ... 5. ... 6. ... 7. ...

Aktivität 5 Berühmte Deutsche

Sie hören einige berühmte Personen aus der deutschen Geschichte. Raten Sie mit Hilfe der Liste unten, welche Person spricht.

Albert Schweitzer _____   Albert Einstein _____

Werner von Siemens _____   Hermann Hesse _____

Clara Schumann _____

Thema 3

Bewerbungen und Stellenangebote

Aktivität 6 Welche Qualifikationen?

Sie hören ein Stellenangebot für Flugbegleiter bei einer Fluglinie. Ergänzen Sie die Tabelle. Sie hören zuerst ein paar neue Wörter.

mittlere Reife   *high school diploma*
Übergewicht   *overweight*
jederzeit   *any time*

	KRITERIEN
Erwünschte Eigenschaften	
Alter	
Ausbildung	
Berufserfahrung erwünscht	
Fremdsprachenkenntnisse	
Gesundheitszustand	
Gewicht	
Ausbildungszeit	
Wann kann man sich bewerben?	

Aktivität 7 Zukunftspläne

Helmut und Bettina, zwei Abiturienten, unterhalten sich über ihre Zukunftspläne. Hören Sie zu, und ergänzen Sie die Sätze. Sie hören den Dialog zweimal.

1. Bettina weiß nicht, was sie nach dem _____ machen soll.

2. Ihre Eltern wollen, dass sie _____.

3. Sie möchte aber lieber eine Lehre machen, um möglichst schnell viel _____ zu verdienen.

4. Sie hat sich schon bei einigen Banken _____, und morgen hat sie ein _____.

5. Helmut findet die Arbeit in einer Bank nicht so _____.

6. Er möchte _____ studieren.

7. Er schlägt Bettina vor, zum _____ zu gehen.

8. Bettina möchte später vielleicht doch noch _____.

Aktivität 8 Edgars Lebenslauf

Sehen Sie sich Edgars Lebenslauf an, und beantworten Sie die Fragen.

    Sie hören: Wo ist Edgar geboren?
    Sie sagen: Edgar ist in Aachen geboren.

LEBENSLAUF

Name	Edgar Schuster
Geburtsort	Aachen
Geburtsdatum	24. November 1963
Eltern	Frank Schuster, Ingenieur
	Hedwig Schuster, Lehrerin
Ausbildungsgang	
1969–1973	Katholische Grundschule Goethestraße, Duisburg
1973–1981	Mercator-Gymnasium Duisburg, Abitur
1981–1982	Zivildienst im Bethesda-Krankenhaus, Duisburg
1982–1988	Studium der Architektur, Universität Köln, Diplom
seit 1988	Architekt bei der Baufirma Römer und Sohn, Essen
Familienstand	verheiratet, ein Kind
Hobbys	Skifahren, Lesen und Reisen

---

1. . . . 2. . . . 3. . . . 4. . . . 5. . . . 6. . . . 7. . . . 8. . . . 9. . . .

Grammatik im Kontext

Future Tense

Übung 1 Zukunftsträume

Wovon träumen die folgenden Leute? Bilden Sie Sätze.

> Sie hören: Wie stellt sich der Dichter Anselmus die Zukunft vor?
> Sie sagen: Er wird wohl eines Tages einen Mercedes fahren.

1. eine Safari in Afrika machen
2. weltberühmt sein
3. eine große Familie haben
4. ein Restaurant besitzen
5. auf einer Insel leben
6. Tierarzt werden

Übung 2 Heikle Situationen

Die Leute in den Dialogen haben alle ein Problem. Hören Sie zu, und schreiben Sie, wie das jeweilige Problem gelöst wird (*is solved*). Sie hören zuerst zwei neue Wörter.

> **Vorschuss**   *advance on one's salary*
> **Stau**   *traffic jam*

1. *Sie wird Franz anrufen.* _____

2. _____

3. _____

4. _____

5. _____

6. _____

Describing People or Things: Relative Clauses

Übung 3 Computo-Tech

Sie hören eine Werbung für eine Computer-Firma. Stimmen die Sätze oder stimmen sie nicht? Korrigieren Sie alle falschen Sätze.

		DAS STIMMT	DAS STIMMT NICHT
1.	Die Produkte von Computo-Tech sind nur in Europa bekannt.	☐	☐
2.	Computo-Tech möchte Personen mit Kreativität und Flexibilität einstellen.	☐	☐
3.	Die Arbeitsplätze bei Computo-Tech sind sicher.	☐	☐
4.	Der Chef ist sehr verständnisvoll.	☐	☐
5.	Das Gehalt wird niedrig sein.	☐	☐
6.	Der Personalchef hat montags von 2 bis 5 Sprechstunden.	☐	☐
7.	Man kann zu dem Gesprächstermin die Bewerbungsunterlagen mitbringen.	☐	☐

Übung 4   Relativpronomen

Sie hören einige Sätze mit Relativsätzen. Hören Sie gut zu, und schreiben Sie das Bezugswort (*antecedent*) und das Relativpronomen.

	BEZUGSWORT	RELATIVPRONOMEN
1.	Wecker	den
2.		
3.		
4.		
5.		
6.		

Übung 5   Aus dem Fotoalbum

Eine Freundin zeigt Ihnen ein Fotoalbum mit Fotos von ihren Freunden und ihrer Familie. Sie haben schon etwas über diese Leute gehört und erinnern sich an einige Dinge.

> Sie hören: Hier ist meine Freundin, Steffi.
> Sie sehen: Steffi ist Tennispro.
> Sie sagen: Ist das die Freundin, die Tennispro ist?

1. Ingrid will Ärztin werden.
2. Onkel Reinhard ist Astronaut.
3. Der Hund hat den Briefträger gebissen.
4. Die Schulfreunde suchen jetzt Ausbildungsstellen.
5. Das Haus ist 200 Jahre alt.
6. Die zwei Tanten haben ein Haus in den Bergen.

Übung 6 Neue Sachen

Ihr Mitbewohner sieht viele neue Sachen in Ihrer Wohnung. Sehen Sie sich die Liste unten an, und sagen Sie, wo Sie alles gekauft haben.

> Sie hören: Ist das ein neuer Tisch?
> Sie sehen: bei Hertie
> Sie sagen: Ja, das ist der Tisch, den ich bei Hertie gekauft habe.

1. bei Kaufland
2. bei Ikea
3. im Kaufhof
4. in der Karl-Marx Bücherei
5. bei Wegert

Übung 7 Definitionen

Geben Sie eine Definition für die folgenden Wörter. Benutzen Sie die Stichwörter unten.

> Sie hören: Wie würden Sie ein Bett beschreiben?
> Sie sehen: Bett = Möbelstück: man schläft darin
> Sie sagen: Ein Bett ist ein Möbelstück, in dem man schläft.

1. Küche = Raum: darin kocht man
2. Waschmaschine = Gerät: damit wäscht man Wäsche
3. Stuhl = Möbelstück: darauf sitzt man
4. Esszimmer = Zimmer: darin isst man
5. Kassettenrekorder = Gerät: damit macht man Musik
6. Detektiv = Beruf: darin klärt (*solve*) man Verbrechen auf
7. „Bayer" = Firma: man kauft Aspirin von ihr

The Interrogative Pronoun *was für (ein)*

Übung 8 Katrins neuer Freund

Katrin hat einen neuen Freund, Thomas, und redet viel über ihn. Sie wollen höflich sein und noch mehr über ihn wissen. Stellen Sie ihr Fragen mit **was für**, dann notieren Sie Katrins Antworten.

> Sie hören: Thomas hat eine neue Stelle.
> Sie sagen: Was für eine Stelle hat er?
> Sie hören: Was für eine Stelle hat er? Er hat eine Stelle als Redakteur (*editor*) bei einer Lokalzeitung.
> Sie schreiben: *Redakteur*

1. _____
2. _____
3. _____
4. _____
5. _____
6. _____

Negative Sentences

Übung 9 Petra hat nichts gemacht.

Sagen Sie das Gegenteil. Achten Sie auf die Intonation.

> Sie hören: Petra ist zu einem Berufsberater gegangen.
> Sie sagen: Petra ist nicht zu einem Berufsberater gegangen.

> 1. . . . 2. . . . 3. . . . 4. . . . 5. . . . 6. . . . 7. . . .

Übung 10 Informationen

Beantworten Sie die Fragen. Ihre Antwort soll jedes Mal negativ sein.

> Sie hören: Studiert dein Bruder noch in Konstanz?
> Sie sagen: Nein, er studiert nicht mehr in Konstanz.

> 1. . . . 2. . . . 3. . . . 4. . . . 5. . . . 6. . . . 7. . . .

Sprache im Kontext

Sie hören Informationen über das Studium in Deutschland. Ergänzen Sie die Sätze.

Kürzer, kompakter, konkurrenzfähiger: Studienzeiten sollen verkürzt werden

1. _____ Menschen gehen auf deutsche Universitäten.

2. Sie studieren im Durchschnitt _____ Semester.

3. In Großbritannien sind Studenten _____ jünger beim Examen.

4. Vorlesungen und Seminare in Deutschland sind _____.

5. Die Zahl der Studenten in Deutschland _____ seit Jahren.

6. Der Stellenmarkt für Akademiker wird _____.

7. Studenten sollen nur noch _____ Semester studieren.

8. Akademiker sollen sich mehr auf die _____ vorbereiten.

Kapitel 12

Haus und Haushalt

Alles klar?

Sie hören einen kurzen Text übers Wohnen. Hören Sie zu, lesen Sie dann die Sätze und markieren Sie den richtigen Satz.

1. a. Die Dachgeschosswohnung kostete 2 000 000 Mark.
   b. Der Architekt konnte nur 200 000 Mark für den Ausbau (*renovation*) der Dachgeschosswohnung ausgeben.

2. a. Das Haus war 200 Jahre alt.
   b. Der Besitzer des Hauses war 200 Jahre alt.

3. a. Das Haus war fast neu.
   b. An dem Haus musste viel gemacht werden.

4. a. Gerd Gassmann und Jürgen Strolz hatten viele neue Ideen.
   b. Gerd Gassmann und Jürgen Strolz hatten nur wenige Ideen.

5. a. Natalie und Jürgen Strolz werden in der Dachgeschosswohnung wohnen, wenn sie fertig ist.
   b. Natalie und Jürgen Strolz sind beide Architekten.

Wörter im Kontext

Finanzen der Studenten

Aktivität 1 Franks Budget

Sie sehen hier Franks Budget. Frank ist Student an einer deutschen Universität. Lesen Sie das Budget, und beantworten Sie die Fragen.

Sie hören: Wofür gibt Frank das meiste Geld aus?
Sie sagen: Frank gibt das meiste Geld für Miete aus.

FRANKS BUDGET

Miete	400,– DM
Auto	120,– DM
Freizeit	60,– DM
Strom und Heizung	70,– DM
Telefon	30,– DM
Bücher	120,– DM
Lebensmittel	200,– DM
Sonstiges	90,– DM

1. . . .   2. . . .   3. . . .   4. . . .   5. . . .

Aktivität 2 Reden wir über Geld!

A. Drei Studenten (Karin, Betty und Mark) unterhalten sich über ihre Einnahmen und Ausgaben. Hören Sie zu, und ergänzen Sie die Tabelle.

	WO WOHNT ER/SIE?	MIETE	NEBENKOSTEN	GELD VON . . .
Karin	WG			
Betty		180 DM		BAföG/Job
Mark			inbegriffen	

B. Jetzt beantworten Sie die Fragen.

Sie hören: Hat Mark ein Stipendium?
Sie sagen: Ja, er hat ein Stipendium.

1. ... 2. ... 3. ... 4. ... 5. ... 6. ...

Aktivität 3 Sylvia ist pleite

Sylvia hat Geldsorgen. Sie schreibt einen Brief nach Hause. Hören Sie zu, und ergänzen Sie die Lücken.

Liebe _____[1]!

Wie geht es euch? Mir geht es nicht so gut. Ich bin nämlich mal wieder

_____.[2] Die _____[3] und die

_____[4] sind hoch, und letzte Woche musste ich fast

_____[5] Mark für Bücher _____.[6] Es ist nicht

einfach, _____[7] des Semesters einen Job zu finden. Trotz meiner vielen

_____[8] an der Uni arbeite ich jetzt abends als Kellnerin in einer

_____.[9] Aber ich habe immer noch nicht genug Geld.

Vorgestern ist mein Auto _____.[10] Die Reparatur kostet

bestimmt 600 Mark. Könnt ihr mir etwas Geld _____[11]? Ich zahle es

_____[12] bis Ende des Jahres _____.[13] Könnt ihr mir

vielleicht 1.000 Mark auf mein _____[14] überweisen? Vielen Dank.

Eure Sylvia

Thema 2

Unsere eigenen vier Wände

Aktivität 4 Ein Ferien-Appartement

Herr und Frau Schneider möchten ein Ferien-Appartement im Kleinwalsertal für einen Monat mieten, aber zuerst möchten sie sich das Appartement ansehen.

A. Hören Sie zu, wie Frau Schuster, die Inhaberin, den Schneiders das Appartement beschreibt. In welcher Reihenfolge beschreibt sie die Zimmer des Appartements? Nummerieren Sie die Zimmer des Appartements auf dem Plan (auf der nächsten Seite).

B. Spielen Sie den Dialog noch einmal. Hören Sie gut zu, und machen Sie sich dabei Notizen zu den Dingen, die auf der Liste unten stehen.

Ausstattung (*appliances and furnishings*) der Küche

_____

Balkon _____

Couch _____

Garage _____

Geschoss _____

Größe _____

Herrn Schneiders Interesse

_____

Keller _____

C. Beantworten Sie nun die Fragen mit Hilfe Ihrer Notizen.

1. ... 2. ... 3. ... 4. ... 5. ... 6. ... 7. ... 8. ...

Aktivität 5 Hin und her: Die ideale Wohnung

A. Ihr Freund und Sie haben eine Umfrage zum Thema Wohnen gemacht. Sie haben Albrecht und Frau Strauch interviewt. Beantworten Sie die Fragen Ihres Freundes mit Hilfe der Tabelle.

Sie hören: Welchen Wohnungstyp sucht Albrecht?
Sie sagen: Albrecht sucht eine Altbauwohnung.

PERSON	WOHNUNGSTYP	WO?	WICHTIG
Albrecht	Altbauwohnung	Innenstadt	Waschmaschine im Haus, Fahrradkeller, Zentralheizung
Nadja	1. *Wohngemeinschaft*	2.	3.
Frau Strauch	kleines Einfamilienhaus	auf dem Land	ein großer Garten, Wandermöglichkeiten, ein Balkon
Herr Barz	4.	5.	6.

B. Ihr Freund hat Nadja und Herrn Barz interviewt. Stellen Sie ihm Fragen und ergänzen Sie die Tabelle.

> Sie hören: 1.
> Sie fragen: Welchen Wohnungstyp sucht Nadja?
> Sie hören: Welchen Wohnungstyp sucht Nadja? Sie sucht eine Wohngemeinschaft.
> Sie schreiben: 1. Wohngemeinschaft
>
> 2. ...   3. ...   4. ...   5. ...   6. ...

Thema 3

Mieten und Vermieten

Aktivität 6 Wohnung zu vermieten

Sie suchen eine Wohnung und rufen bei der Wohnungsvermittlung (*housing office*) an. Hören Sie zu, und ergänzen Sie die Lücken.

Angebot 1

1. Die Wohnung liegt in der _____.

2. Sie hat zwei Zimmer, _____, _____ und

   _____.

3. Die Wohnung liegt in einem renovierten Altbau und hat viel _____.

4. Die Miete ist 600 DM plus _____.

5. Sie ist ideal für _____.

Angebot 2

1. Hier ist ein Zimmer in einer _____ frei.

2. Die Leute wollen keine _____.

3. _____ und _____ sind nicht erlaubt.

4. Die Wohngemeinschaft liegt in einem _____.

5. Das Zimmer kostet _____ DM im Monat.

6. Die _____ sind in der Miete eingeschlossen.

Angebot 3

1. Hier kann man ein ganzes _____ auf dem _____ mieten.

2. Es ist ein renoviertes, altes Bauernhaus in einer schönen _____.

3. Es hat einen großen _____ und eine _____.

4. Es ist ab _____ frei.

Aktivität 7 Kann ich die Wohnung sehen?

Frau Krüger ruft bei Herrn Sandner an. Herr Sandner hat eine Wohnung zu vermieten.

A. Hören Sie den Dialog an, und bringen Sie die Sätze unten in die richtige Reihenfolge.

_____ Möchten Sie die Wohnung sehen?

_____ Sind die Nebenkosten eingeschlossen?

_____ . . . 700 DM im Monat.

___1__ Die Dreizimmerwohnung

_____ zu Fuß ungefähr 20 Minuten.

_____ Im zweiten.

_____ Ist Ihnen 17.30 Uhr recht?

_____ Das ist ziemlich viel.

_____ Sie liegt in der Nähe vom Hauptbahnhof.

_____ Ich bin Lehrerin.

_____ . . . eine große Küche, eine Diele und einen Südbalkon.

B. Jetzt beantworten Sie die Fragen.

> Sie hören: Wie viele Zimmer hat die Wohnung?
> Sie sagen: Die Wohnung hat drei Zimmer.
>
> 1. . . .   2. . . .   3. . . .   4. . . .   5. . . .   6. . . .   7. . . .

Grammatik im Kontext

Referring to Things and Ideas: *da*-Compounds

Übung 1 Fragen und Antworten

Sie hören einige Aussagen und Fragen. Beantworten Sie die Fragen. Benutzen Sie in Ihren Antworten **da**-Komposita.

> Sie hören: Jürgen gibt viel Geld für Kleidung aus. Geben Sie auch viel Geld für Kleidung aus?
> Sie sagen: Ja, ich gebe viel Geld dafür aus.
>   *oder*   Nein, ich gebe nicht viel Geld dafür aus.
>
> 1. . . .   2. . . .   3. . . .   4. . . .   5. . . .

Asking About Things and Ideas: *wo*-Compounds

Übung 2 Sie interessieren sich nicht dafür!

Max und Heike sind nicht sehr enthusiastisch über ihr Studium. Stellen Sie Fragen darüber.

> Sie hören: Max denkt nie an sein Studium.
> Sie sagen: Woran denkt er denn?
> Sie hören: Woran denkt er denn? An seine Freundin.

> 1. . . . 2. . . . 3. . . . 4. . . . 5. . . . 6. . . .

Übung 3 Eine Umfrage

Eine Mitarbeiterin eines Instituts für Meinungsforschung interviewt einige Leute auf der Straße, um zu erfahren, worüber sie sich freuen und worüber sie sich ärgern. Hören Sie zu, was die Leute sagen, und machen Sie sich dabei Notizen. Beantworten Sie dann die Fragen, die Sie darüber hören.

	ÄRGERT SICH ÜBER . . .	FREUT SICH ÜBER . . .
1.	_____	_____
2.	_____	_____
3.	_____	_____

Subjunctive

Übung 4 Etwas höflicher, bitte!

Wiederholen Sie die Sätze mit einem Modalverb im Konjunktiv oder mit **hätte gern** . . . .

> Sie hören: Kann ich das Telefon benutzen?
> Sie sagen: Könnte ich bitte das Telefon benutzen?
>
> *oder*
>
> Sie hören: Mein Freund will ein Bier.
> Sie sagen: Mein Freund hätte gern ein Bier.

> 1. . . . 2. . . . 3. . . . 4. . . . 5. . . .

Übung 5 Was soll man tun?

Beantworten Sie die Fragen mit Hilfe der Stichwörter.

> Sie hören: Soll ich fernsehen oder ins Kino gehen?
> Sie sehen: ins Kino gehen
> Sie sagen: An deiner Stelle würde ich ins Kino gehen.

1. einen neuen Job suchen
2. hier bleiben
3. nach Österreich fahren
4. umziehen
5. zum Geldautomaten gehen

Übung 6 Wenn das alles nicht so viel wäre!

Sagen Sie, was die Leute nicht wollen.

> Sie hören: Wir haben so viel Arbeit.
> Sie sagen: Wenn wir doch nicht so viel Arbeit hätten.
>
> 1. . . .   2. . . .   3. . . .   4. . . .   5. . . .

Übung 7 Wenn das doch nur so wäre!

Sagen Sie, was die Leute wünschen.

> Sie hören: Ich habe kein Sparkonto.
> Sie sagen: Wenn ich doch nur ein Sparkonto hätte.
>
> 1. . . .   2. . . .   3. . . .   4. . . .   5. . . .

The Past Subjunctive

Übung 8 So hätte es sein sollen.

A. Eva ist nicht sehr zufrieden. Sie wünschte, vieles wäre anders gewesen. Lesen Sie zuerst Evas Wunschliste. Hören Sie dann den ersten Teil von Evas Wünschen und finden Sie den passenden zweiten Teil in der Wunschliste.

> Sie hören: Wenn ich in Südkalifornien aufgewachsen wäre . . .
>
> Sie schreiben: _C_ (hätte ich jeden Tag in der Sonne liegen können.)

EVAS WUNSCHLISTE

1. _____   a. hätte ich ein teures Auto kaufen können.
              b. hätte ich segeln gelernt.
2. _____   c. hätte ich jeden Tag in der Sonne liegen können.
              d. hätte ich mich im Prater amüsieren können.
3. _____   e. hätte ich den Bus nicht verpasst.
4. _____   f. hätte ich die *Rocky Horror Picture Show* sehen können.
              g. hätte ich die Radtour mit meinen Freunden gemacht.
5. _____   h. hätte ich mir das Bein nicht verletzt.

6. _____

7. _____

B. Jetzt beantworten Sie die Fragen, die Sie hören.

> Sie hören: Was hätte Eva machen können, wenn sie in Südkalifornien aufgewachsen wäre?
> Sie sagen: Sie hätte jeden Tag in der Sonne liegen können.
>
> 1. . . .   2. . . .   3. . . .   4. . . .   5. . . .   6. . . .   7. . . .

Übung 9 Was wäre, wenn . . .

Die Leute möchten, dass etwas anders gewesen wäre. Schauen Sie zuerst auf die Liste unten und lesen Sie, was die Tatsachen (*facts*) sind. Hören Sie dann zu, und sagen Sie, was die Leute gemacht hätten, wenn es anders gewesen wäre.

> Sie hören: Franks Ferien waren zu kurz.
> Sie sehen: Frank ist nicht nach Spanien gefahren.
> Sie sagen: Wenn Franks Ferien nicht zu kurz gewesen wären, wäre er nach Spanien gefahren.

1. Frank ist nicht nach Spanien gefahren.
2. Ich habe keinen neuen CD-Spieler gekauft.
3. Meine Eltern hatten keinen Swimming-Pool.
4. Der Dichter Anselmus saß jeden Tag in der Kneipe.
5. Martina ist nicht mit dem Fahrrad zur Uni gefahren.
6. Schmidts haben das Haus nicht gemietet.

Übung 10 Peters Party

Peters Party hat Ihnen nicht sehr viel Spaß gemacht. Wie hätte es anders sein können?

> Sie hören: Peter hat zu viele Leute eingeladen.
> Sie sagen: Ich wünschte, Peter hätte nicht so viele Leute eingeladen.

1. . . .   2. . . .   3. . . .   4. . . .   5. . . .

Units of Measurement: Fractions and Percentages

Übung 11 Kleine Umfrage

Peters Party hat nicht nur Ihnen, sondern auch anderen Gästen nicht hundertprozentig gefallen. Sie haben die anderen Personen nach ihrer Meinung gefragt und die Ergebnisse dieser kleinen Umfrage in Prozente umgerechnet. Geben Sie jetzt die Prozentzahlen in Brüchen (*fractions*) wieder.

> Sie hören: 50% der Gäste fanden die Party langweilig.
> Sie sagen: Die Hälfte der Gäste fand die Party langweilig.

1. . . .   2. . . .   3. . . .   4. . . .   5. . . .

Sprache im Kontext

A. Alexandra, Albrecht, Maria und Jochen sind 18 Jahre alt. Sie reden über ihr Taschengeld, wie sie es ausgeben, und ob sie etwas dazu verdienen. Hören Sie zu, und ergänzen Sie die Tabelle. Sie hören drei neue Wörter.

stricken	*to knit*
austragen	*to deliver*
Türklinken	*door handles*

	WIE VIEL TASCHENGELD?	WIE GEBEN SIE ES AUS?	WAS BEZAHLEN DIE ELTERN?	WAS FÜR EIN JOB?
Alexandra				
Albrecht				
Maria				
Jochen				

B. Hören Sie zu und beantworten Sie die Fragen.

1. . . .   2. . . .   3. . . .   4. . . .   5. . . .

Kapitel 13

Medien und Technik

Alles klar?

Sie hören vier kurze Berichte aus deutschen Zeitungen. Welche der fünf Schlagzeilen passt zu welchem Bericht? Schreiben Sie die passende Zahl (1–4) vor die Schlagzeile.

___ **Schnupfen, Husten:
Die Wartezimmer der Ärzte sind voll**
(Berliner Morgenpost)

___ Planeten im August
(Bonner General-Anzeiger)

___ Struwwelpeters Pizza-Connection
(Süddeutsche Zeitung)

___ **Kirchen geben vier Millionen
für Wiederaufbau in Somalia**
(Süddeutsche Zeitung)

___ Jeder zweite Zuschauer sitzt
ganz alleine vor dem Bildschirm
(Berliner Morgenpost)

Wörter im Kontext

Thema 1

Medien

Aktivität 1 Auch das Fernsehen wurde vereinigt.

A. Sie hören einen Text über das Fernsehen zur Zeit der Wiedervereinigung Deutschlands im Jahre 1990. Hören Sie zu, und machen Sie Notizen zu den Punkten unten. Sie hören zuerst zwei neue Wörter.

empfangen   *to receive*
einstellen   *to cancel*

NOTIZEN

1. Datum der offiziellen Vereinigung _____

2. Fernsehen in der DDR vor der Vereinigung _____

   _____

3. Lieblingssendungen im Osten _____

4. Empfangsgebiete _____

5. Dezember 1990 _____

6. die DDF _____

7. Meinung einiger Bürger über die neue Ordnung _____

   _____

8. Grund _____

B. Schauen Sie sich Ihre Notizen an, und beantworten Sie die Fragen, die Sie hören.

   1. ...   2. ...   3. ...   4. ...   5. ...   6. ...   7. ...   8. ...

Aktivität 2 Was sehen sie gern?

Martina und Frank unterhalten sich über Fernsehprogramme. Was sehen sie gern? Was sehen Franks Eltern gern?

	KRIMIS	QUIZSENDUNGEN	SPORTSENDUNGEN	DISKUSSIONS-SENDUNGEN
Martina	☐	☐	☐	☐
Frank	☐	☐	☐	☐
Franks Vater	☐	☐	☐	☐
Franks Mutter	☐	☐	☐	☐

Aktivität 3 Die Tageszeitung

Sie hören einige Schlagzeilen aus der Zeitung. Kreuzen Sie an, in welchem Teil der Zeitung diese
Schlagzeilen zu finden sind.

	1	2	3	4	5	6	7	8
Lokalnachrichten								
Auslandsnachrichten								
Sport								
Wirtschaft	X							
Fernsehen								
Unterhaltung								
Wetterbericht								
Technik								

Aktivität 4 Lieber Zeitung als Fernsehen

A. Markus erzählt, warum er lieber Zeitung liest als fernsieht. Hören Sie zu, und bringen Sie die
folgenden Satzfragmente in eine logische Reihenfolge. Sie hören den Text zweimal.

_____ selten etwas Gescheites

_____ Weltpolitik, Kulturnachrichten und Wirtschaft

_____ oberflächliche Quizsendungen, langweilige Talkshows und dumme Spielfilme

_____ verbringe täglich zwei Stunden mit Zeitunglesen

__1__ Fernsehen finde ich wirklich langweilig

_____ kann Leute nicht verstehen, die ihre ganze Freiheit vor dem Fernsehgerät verbringen

_____ lese ich doch lieber die Zeitung

_____ Abonnements für drei Tageszeitungen und vier Nachrichtenmagazine

B. Jetzt beantworten Sie die Fragen.

Sie hören: Wie findet Markus das Fernsehprogramm?
Sie sagen: Er findet das Fernsehprogramm langweilig.

1. . . .   2. . . .   3. . . .   4. . . .   5. . . .   6. . . .   7. . . .

Ein Blick in den deutschen Haushalt

Aktivität 5 Definitionen

Sie hören Beschreibungen von sechs Haushaltsgeräten, die man oft gebraucht. Welche Beschreibung passt zu den Geräten unten?

_____ Faxgerät

_____ Videogerät

_____ Mikrowelle

_____ Anrufbeantworter

_____ Staubsauger

_____ Spülmaschine

Aktivität 6 Punk im Internet

A. Ingo erzählt seiner Freundin Alexandra von einer tollen Entdeckung. Hören Sie zu. Was erfahren Sie über Musik im Internet? Machen Sie sich dabei Notizen. Sie hören zuerst ein paar neue Wörter.

die Ausstattung	*equipment*	**hörbar**	*audible*
digital aufbereitet	*digitized*	**angeschlossen**	*connected*
abspielen	*to play*	**gespeichert**	*stored, saved*
gründen	*to found*	**laden**	*to load*
überspielt	*recorded*		

NOTIZEN

1. Woher kommen die Ugly Mugs? _____

2. Die Ugly Mugs studierten _____

3. Was für Musik spielen sie? _____

4. Ausstattung, die man braucht:

   a. _____

   b. _____

   c. _____

   d. _____

5. Wer ist Herr Ullsperger? _____

B. Hören Sie sich den Dialog noch einmal an und beantworten Sie dann die Fragen.

   1. . . .   2. . . .   3. . . .   4. . . .   5. . . .

Aktivität 7 Hin und her: Der Fernsehabend

A. Nach einem gemeinsamen Abendessen möchten Sie mit mehreren Freunden fernsehen. Es ist aber gar nicht so einfach, etwas im Fernsehprogramm zu finden, das alle sehen wollen. Sehen Sie sich die Tabelle an und beantworten Sie die folgenden Fragen:

Sie hören: Was möchte Christine im Fernsehen sehen?
Sie sagen: Christine möchte „Frankie und Johnny", eine amerikanische Komödie, sehen.

PERSON	WAS MÖCHTE ER/SIE IM FERNSEHEN SEHEN?	WARUM?
Christine	„Frankie und Johnny", amerikanische Komödie	mag lustige Filme
Gabriel	*„Julia und Julia", italienischer Psychothriller*	
Leandra	„Matlock: Der verschwundene Tote"	mag amerikanische Krimis
Evelyn		
Alexander	„Zotti, das Urvieh"	mag Tierfilme
Olaf		

1. … 2. … 3. … 4. … 5. … 6. …

B. Stellen Sie jetzt Fragen über die anderen Personen und ergänzen Sie dann die Tabelle.

Sie hören: Gabriel
Sie fragen: Was möchte Gabriel im Fernsehen sehen?
Sie hören: Was möchte Gabriel im Fernsehen sehen? Gabriel möchte „Julia und Julia",
  einen italienischen Psychothriller, sehen.
Sie schreiben: „Julia und Julia", italienischer Psychothriller

rammatik im Kontext

The Verbs *brauchen* and *scheinen*

Übung 1 Was muss sie tun?

Frau Borodin ist Chefin ihrer eigenen Immobilienfirma. Sie ist heute krank und kann nicht ins Büro kommen. Sie ruft ihren Sekretär an, um das Neueste zu erfahren. Was muss sie in den nächsten Tagen tun, und was braucht sie nicht zu tun? Ergänzen Sie die Liste. Sie hören vier neue Wörter.

absagen	*to cancel*
die Hypothek	*mortgage*
der Vertrag	*contract*
der Engel	*angel*

Frau Borodin muss . . .

1. _____
2. _____
3. _____
4. _____

Sie braucht . . . nicht . . .

5. _____
6. _____
7. _____
8. _____

Übung 2 Pech!

Thomas hat heute Pech. Bestätigen Sie, dass nichts zu klappen scheint. Sie hören zuerst zwei neue Wörter.

die Stromschwankung	*power surge*
eine Sicherung herausfliegen	*to blow out a fuse*

Sie hören: Das Telefon klingelt nicht. Es ist wohl kaputt.
Sie sagen: Ja, es scheint kaputt zu sein.

1. . . .   2. . . .   3. . . .   4. . . .   5. . . .   6. . . .

Infinitive Clauses with *zu*

Übung 3 Ach, die Eltern!

Karl und Marianne sind Geschwister und reden über ihre Eltern. Ergänzen Sie das Gespräch. Sie hören zuerst drei neue Wörter.

latschen	*to traipse, trudge*
das Blumenbeet	*flower bed*
anlegen	*here: pflanzen*

KARL: Ich habe den ganzen Tag _____,[1] unsere Eltern

_____.[2] Ich hatte ihnen _____,[3]

heute Nachmittag auf eine Tasse Kaffee _____.[4] Niemand

schien zu Hause _____.[5]

MARIANNE: Hatten sie den neuen Anrufbeantworter angeschaltet?

KARL: Nein. Sie haben aber schon lange mit dem neuen ICE _____[6]

und haben sich wohl entschlossen, einfach _____,[7] ohne

mich _____.[8] Sie haben total vergessen, auf mich

_____.[9]

MARIANNE: Sei nicht böse. Mit uns Kindern und der vielen Arbeit war es immer schwierig für

sie, _____.[10] Außerdem hatten sie kein Geld, schöne

Ausflüge _____.[11] Du kannst gerne mit mir einkaufen

_____.[12] Ich brauche heute nicht _____.[13]

KARL: Es macht mir keinen Spaß, durch die ganze Stadt _____.[14] Ich habe

mich schon entschlossen, den ganzen Tag im Garten _____.[15] Ich

möchte ein neues Blumenbeet _____.[16]

MARIANNE: Hast du denn Lust, bei mir Kaffee _____[17]? Ich habe eine

Schwarzwälderkirschtorte gebacken. Und ich verspreche, deinen Besuch nicht

_____.[18]

KARL: Danke, gern. Dazu habe ich natürlich Lust.

Übung 4 Ein Interview

Ein Reporter berichtet über sein Treffen mit Lorenzo Pelligrini, dem weltberühmten Schauspieler. Hören Sie zu, und beantworten Sie die Fragen.

1. Welchen Entschluss (*decision*) bereut (*regrets*) der Reporter? _____

_____

2. Was ist für ihn schwierig? _____

_____

3. Was schlägt Lorenzo vor? _____

_____

4. Was findet der Reporter schön? _____

_____

5. Was macht Lorenzo Spaß? _____

_____

6. Was macht dem Reporter keinen Spaß? _____

_____

7. Was versucht der Besitzer des Esels (*donkey*) zu tun? _____

_____

8. Was muss Lorenzo tun? _____

_____

9. Was entscheidet sich der Esel zu tun? _____

_____

10. Was beschließen Lorenzo und der Reporter? _____

_____

11. Warum trinken sie nur eine Tasse Kaffee? _____

_____

12. Was verspricht Lorenzo? _____

_____

Indirect Discourse: Subjunctive

Übung 5 Andreas hat Probleme in der Schule

Andreas geht in die 5. Klasse. Seine Mutter hatte gerade einen Termin mit seinem Klassenlehrer und berichtet nun dem Vater, was der Lehrer gesagt hat. Hat der Lehrer die Behauptungen unten gemacht oder nicht? Schreiben Sie **ja** oder **nein**.

HAT DER LEHRER DAS GESAGT?	JA	NEIN
1. Andreas hat schlechte Zensuren in Englisch.	☐	☐
2. Er macht nie seine Hausaufgaben.	☐	☐
3. Andreas ist sehr ruhig.	☐	☐
4. Andreas kann sich nicht gut konzentrieren.	☐	☐
5. Die Kinder in der Klasse mögen Andreas nicht.	☐	☐
6. Andreas sollte lieber auf eine Realschule gehen.	☐	☐
7. In Mathematik ist Andreas sehr gut.	☐	☐
8. Andreas ist sehr kreativ.	☐	☐
9. Er ist immer sehr hilfsbereit und hat viel Charme.	☐	☐
10. Wenn er sich nicht verbessert, bleibt er sitzen.	☐	☐

Übung 6 Michaels Reise nach Amerika

Mark erzählt Ihnen über Michaels Reise nach Amerika. Berichten Sie einem Freund, was Sie gehört haben. Gebrauchen Sie den Konjunktiv I. Sie hören zuerst ein neues Wort.

der Strafzettel *ticket*

Sie hören: Michael ist vor fünf Jahren nach Amerika gereist.
Sie sagen: Michael sei vor fünf Jahren nach Amerika gereist.

1. ... 2. ... 3. ... 4. ... 5. ... 6. ... 7. ... 8. ...

Infinitive Clauses with *um . . . zu* and *ohne . . . zu*

Übung 7 Sparschwein her!

Sehen Sie auf die Liste unten, und sagen Sie, warum diese Leute sparen wollen.

Sie hören: Warum spart Stefan?
Sie sehen: Stefan will ein neues Radio kaufen.
Sie sagen: Stefan spart, um ein neues Radio zu kaufen.

1. Vera will ein neues Reitpony kaufen.
2. Erika will eine Reise um die Welt machen.
3. Schmidts wollen ihr Bad renovieren.
4. Dobmeiers wollen ein Ferienhaus in der Schweiz bauen.
5. Thomas will ein Geburtstagsgeschenk für seine Freundin kaufen.

Übung 8 Wie kann das nur passieren?

Inge hat in Österreich vieles falsch gemacht. Drücken (*Express*) Sie Ihr Erstaunen (*astonishment*) aus.

Sie sehen: Sie ist nicht in den Prater gegangen.
Sie hören: Inge hat Wien besucht.
Sie sagen: Inge hat Wien besucht, ohne in den Prater zu gehen?

1. Sie hat keine festen Schuhe getragen.
2. Sie hat nicht nach der Adresse gefragt.
3. Sie hat Mozarts Geburtshaus nicht besucht.
4. Sie ist nicht zum Festspiel gegangen.
5. Sie hat den Wein nicht probiert.

Sprache im Kontext

Nachrichten

A. Sie hören einen Auszug aus den Nachrichten vom 14. Juli 1998. Über welche Länder berichtet man? Welches Ereignis (*event*) passt zu welchem Land? (Sie werden nicht alle Länder und nicht alle Ereignisse brauchen. Für einige Länder gibt es kein Ereignis.)

LAND

1. _____ Brasilien
2. _____ Deutschland
3. _____ Finnland
4. _____ Frankreich
5. _____ Griechenland
6. _____ Indien
7. _____ Japan
8. _____ Kuwait
9. _____ Nordirland
10. _____ Pakistan
11. _____ Russland
12. _____ die Schweiz
13. _____ USA

EREIGNIS

a. Staatsbesuch beim US-Präsidenten
b. Atomkraft
c. Iraner in ihre Heimat deportiert
d. Gipfeltreffen im Mittleren Osten
e. Märsche des protestantischen Oranier-Ordens
f. Arbeitsbesuch in Peking
g. Aufhebung der UN-Sanktionen
h. Fußball-Weltmeisterschaft
i. Wettervorhersage
j. Rechtschreibreform
k. Alzheimerkrankheit und Computer

B. Sie studieren an der Universität Konstanz. Eine Freundin kommt morgen zu Besuch, und Sie möchten etwas mit ihr unternehmen. Hören Sie sich die Wettervorhersage noch einmal an, und machen Sie sich Notizen.

DIE WETTERVORHERSAGE

1. für Dienstag: _____

2. für Dienstagabend: _____

3. die Tagestemperatur: _____

4. Temperaturen in der kommenden Nacht: _____

C. Ihre Freundin ruft an und stellt Ihnen einige Fragen. Schauen Sie sich Ihre Notizen an, und beantworten Sie die Fragen.

     1. ...   2. ...   3. ...   4. ...   5. ...   6. ...

Kapitel 14

Die öffentliche Meinung

Alles klar?

A. Sie hören einige Informationen über den Berliner Stadtbezirk (*district*) Hellersdorf. Lesen Sie dann die Sätze, und streichen Sie die falsche Information durch.

1. Hellersdorf ist der 32. / 23. Bezirk von Berlin.
2. Im Juli 1968 / 1986 wurde er aus drei Ortsteilen gebildet.
3. Hier wohnen rund 130 000 / 113 000 Menschen.
4. Jeder dritte Bewohner ist jünger / älter als 18 Jahre.
5. Es gibt 33 / 13 Grundschulen, 5 / 15 Gesamtschulen, 2 / 3 Realschulen, 2 / 3 Gymnasien und 5 / 4 Sonderschulen.
6. Mit der Bahn / U-Bahn ist man in kurzer Zeit in der City.

B. Seit ca. zehn Jahren werden in Hellersdorf Wohnungen gebaut. In dieser Zeit wurden Boden und Natur misshandelt. Nicht umsonst nannte man diese Gegend die Steinwüste. Seit 1990 versucht man, aus dieser Steinwüste eine Naturoase zu machen. Die Bilder unten zeigen, wie Hellersdorf verbessert worden ist. Sie hören einen kurzen Bericht der Wohnungsbaugesellschaft Hellersdorf zum Thema „Wohnen im Grünen." Sehen Sie sich dann die Bilder (auf den nächsten zwei Seiten) an, und nummerieren Sie sie von **1** bis **8** in der Reihenfolge, in der sie in dem Bericht beschrieben werden. Sie hören Zuerst den Text zweimal. Sie hören zwei neue Wörter.

die Wiese   *meadow, field*
das Drachenfliegen   *kite flying*

a. _____

b. _____

Fertig gestellter Innenhof

c. _____

d. _____

Marcus Lamer
auf „seinem"
Traumspielplatz.

Bäume ver-
ändern
das
Hellers-
dorfer
Stadtbild

e. _____

f. _____

g. _____

Fassadenbegrünung schafft weichere Konturen

h. _____

Wörter im Kontext

Thema 1

Globale Probleme

Aktivität 1 Was kann man dagegen tun?

Einige Leute äußern sich zu sozialen, wirtschaftlichen und politischen Problemen. Welche Maßnahmen (*measures*) kann man ergreifen (*take*)? Schauen Sie sich die Liste an und sagen Sie, was man gegen jedes Problem tun kann.

> Sie hören: Der Drogenkonsum nimmt mächtig zu.
> Sie sagen: Man soll Programme für Drogenabhängige entwickeln.

> WAS KANN MAN DAGEGEN TUN?

> Geldausgaben der Regierung streng kontrollieren
> umweltschädliche Produkte boykottieren
> für bessere soziale Zustände demonstrieren
> alte Gebäude renovieren und neue Wohnungen bauen
> Programme für Drogenabhängige entwickeln
> Menschen überzeugen, friedlich miteinander zu leben
> Organisationen, die Menschenrechte fördern, unterstützen
> Recycling-Programme einführen
> Waffen verbieten

Aktivität 2 Verkehrsprobleme

Petra und Michael unterhalten sich über die Staus in ihrer Stadt. Stimmt die Information, oder stimmt sie nicht? Korrigieren Sie die falschen Sätze!

	DAS STIMMT	DAS STIMMT NICHT
1. Petra hat gestern eine Dreiviertelstunde bis zur Innenstadt gebraucht.	☐	☐
2. Michael fährt regelmäßig mit der Straßenbahn zur Uni.	☐	☐

	DAS STIMMT	DAS STIMMT NICHT

3. Petra fährt jeden Tag mit der Straßenbahn.   ☐   ☐

_____

_____

4. Sie fährt am liebsten mit dem Bus.   ☐   ☐

_____

_____

5. Michael findet, dass alle Menschen
   umweltbewusster (*more environmentally conscious*)
   werden sollten.   ☐   ☐

_____

_____

6. Petra ist der Meinung, man sollte für sich selbst
   entscheiden, ob man mit dem Auto fährt oder
   nicht.   ☐   ☐

_____

_____

7. Die Bürgerinitiative hat als Ziel, dass in der
   Innenstadt keine Autos fahren dürfen.   ☐   ☐

_____

_____

8. Petra hält das für gut.   ☐   ☐

_____

_____

Aktivität 3 Tempolimit: Ja oder nein?

Siggi und Karl unterhalten sich über die Vorteile und die Nachteile eines Tempolimits auf der
Autobahn. Hören Sie zu, und sammeln Sie alle Argumente für und gegen das Tempolimit.

ARGUMENTE FÜR TEMPOLIMIT

_____

_____

_____

_____

_____

_____

_____

_____

Thema 2

Umwelt

Aktivität 4 Peters Meinung

Peter ist für Umweltschutz. Er äußert seine Meinung dazu. Hören Sie zu, und markieren Sie, welche von Peters Meinungen zu welcher Überschrift passt. Sie hören die Meinung zu jedem Problem zweimal.

a. _____ Keine Autos in der Innenstadt!

b. _____ Vermeidet zu viele Abfälle!

c. _____ Verschrottet (*Scrap*) die Waffen!

d. _____ Mehr Geld für alternative Energie!

e. _____ Schützt den Wald!

Aktivität 5 Stoppt die Abfalllawine°!

avalanche of garbage

A. Umweltberater Manfred Heyden gibt einige Tipps für die Kompostierung von Abfällen. Hören Sie zu. Was kommt in den Schnellkomposter? Schreiben Sie **ja** oder **nein** neben das Bild. Sie hören den Text zweimal. Sie hören zuerst ein paar neue Wörter.

nährstoffreich	*nutritious*
Eierschalen	*egg shells*
Blumenerde	*potting soil*
Ansatz	*start*
abraten	*to dissuade*
gelangen	*here: to get*
Knochen	*bones*

_____

_____

_____

_____

_____

_____

_____

_____

_____

B. Ihre Freundin Katrin räumt die Küche auf und fragt Sie, was in den Mülleimer und was in den Komposteimer kommt. Beantworten Sie ihre Fragen.

> Sie hören: Meine Geburtstagsblumen sind ganz schön verwelkt. Wo kommen sie hin?
> Sie sagen: Sie kommen in den Komposteimer.

> 1. . . .   2. . . .   3. . . .   4. . . .   5. . . .   6. . . .

Aktivität 6 Hin und her: Probleme in unserer Stadt

A. Ihr Freund und Sie haben in Ihrer Nachbarschaft eine Umfrage zum Thema „Probleme in unserer Stadt" gemacht. Jetzt präsentieren Sie die Ergebnisse Ihrer Umfrage, indem Sie zuerst die Fragen Ihres Freundes mit Hilfe der Tabelle beantworten.

> Sie hören: Was sieht Frau Hoffmann als das größte Problem an?
> Sie sagen: Frau Hoffmann sieht Obdachlosigkeit als das größte Problem an.
> Sie hören: Was schlägt sie als mögliche Lösung vor?
> Sie sagen: Sie schlägt mehr Sozialbauwohnungen als mögliche Lösung vor.

PERSON	DAS GRÖSSTE PROBLEM	MÖGLICHE LÖSUNG
Frau Hoffmann	Obdachlosigkeit	mehr Sozialbauwohnungen
Herr Meyer	*Arbeitslosigkeit*	
Werner	Atomkraft	Solarenergie
Marlene		
Frau Wassmund	Verbrechen	mehr Gefängnisse
Robert		

B. Fragen Sie jetzt Ihren Freund nach den Meinungen der Personen, die er interviewt hat, und tragen Sie die Ergebnisse in die Tabelle ein.

> Sie hören: Herr Meyer
> Sie fragen: Was sieht Herr Meyer als das größte Problem an?
> Sie hören: Was sieht Herr Meyer als das größte Problem an? Herr Meyer sieht Arbeitslosigkeit als das größte Problem an.
> Sie schreiben: Arbeitslosigkeit

Grammatik im Kontext

The Passive Voice

Übung 1 Schule ohne Stress

Sie hören einen Bericht in drei Teilen über eine Waldorfschule, eine Alternative zur öffentlichen Schule. Zuerst hören Sie ein paar neue Wörter. Sie hören jeden Textteil zweimal.

verschieden	*different*
die Erziehung	*upbringing (of children)*
beabsichtigen	*to intend*
der Abschluss	*completion of school; graduation*
entsprechen	*to correspond to*
der Druck	*pressure*
ausüben	*here: to exert*
fördern	*to promote, further*
der Bereich	*area*
wählen	*to choose*

Teil A. Information über die Waldorfschule. Machen Sie sich Notizen zu den folgenden Punkten.

1. Gründer (*founder*) der Schule _____

2. Alter der Waldorfschule _____

3. Leiter (*director*) der Schule _____

4. Zweck der Schule _____

5. Anzahl der Schulen heute _____

Teil B. System der Waldorfschule. Stimmt die Information oder stimmt sie nicht? Korrigieren Sie die falschen Sätze.

	DAS STIMMT	DAS STIMMT NICHT
1. Man bekommt Noten in allen Fächern.	☐	☐
2. Diese Schule wird acht Jahre lang besucht.	☐	☐
3. Acht Jahre lang haben die Schüler den gleichen Klassenlehrer.	☐	☐

	DAS STIMMT	DAS STIMMT NICHT
4. Drei Fächer werden eine Woche lang unterrichtet.	☐	☐

_____

_____

5. Es gibt Fächer wie Gartenbau, Handarbeiten, Chor und Orchester.	☐	☐

_____

_____

6. In Stuttgart wird Musik besonders gefördert.	☐	☐

_____

_____

7. Ab der ersten Klasse werden Englisch und Französisch gelernt.	☐	☐

_____

_____

8. Die Schüler müssen gleich Grammatik und Vokabeln lernen.	☐	☐

_____

_____

9. Das Abitur kann man an einer Waldorfschule nicht machen.	☐	☐

_____

_____

Teil C. Meinungen der Schüler über die Waldorfschule. Welche Nachteile und welche Vorteile gibt es? Machen Sie eine Liste.

VORTEILE

_____

_____

_____

NACHTEILE

_____

_____

_____

Übung 2 Wo wird das gemacht?

Joachim ist vor einigen Tagen ins Studentenheim gezogen und fragt, wo alles gemacht werden kann. Sehen Sie sich die Liste an, und beantworten Sie Joachims Fragen.

Sie hören: Wo kauft man Essensmarken (*meal tickets*) für die Mensa?
Sie sehen: in der Mensa
Sie sagen: Essensmarken werden in der Mensa gekauft.

1. an die GEZ (Gebühreneinzugszentrale)
2. zum Recycling
3. im Keller
4. auf die Straße
5. im Ökoladen
6. im Gemeinschaftsraum (*communal living room*)

Übung 3 Hat das jemand gemacht?

Christian ist Leiter einer Wohngemeinschaft und möchte wissen, ob die Hausarbeit gemacht worden ist. Sehen Sie auf die Liste und beantworten Sie die Fragen. Wenn ein Name neben einer Aufgabe steht, ist diese Arbeit schon gemacht worden.

Sie hören: Hat jemand die Fenster geputzt?
Sie sagen: Ja, die Fenster sind schon von Dorothe geputzt worden.
      oder
Sie hören: Hat jemand die Uhren umgestellt?
Sie sagen: Nein, die Uhren sind noch nicht umgestellt worden.

> Fenster putzen - Dorothe
>
> Uhren umstellen -
>
> Waschmaschine reparieren - Gerd
>
> Brot backen - Karl
>
> Zeitungen zum Recycling bringen -
>
> Flaschen sammeln - Walter
>
> Geschirr spülen -
>
> Mülleimer auf die Straße bringen - Lukas

1. ... 2. ... 3. ... 4. ... 5. ... 6. ...

Übung 4 Heute und damals

Früher wurde wenig für den Umweltschutz getan. Helmut sagt, was heute dafür gemacht wird.
Sie sagen, was vor einigen Jahren noch nicht gemacht wurde.

> Sie hören: Heute wird die Luftverschmutzung bekämpft.
> Sie sagen: Vor einigen Jahren wurde die Luftverschmutzung noch nicht bekämpft.

> 1. . . .   2. . . .   3. . . .   4. . . .   5. . . .   6. . . .

Übung 5 Jutta hat bald Geburtstag.

Jutta spricht mit Mark über ihre Pläne für eine große Party. Hören Sie zu, und ergänzen Sie
die Sätze. Dann markieren Sie, welche Funktion das Verb **werden** in dem Satz hat: Hilfsverb
zur Bildung des Passivs (**P**), Hilfsverb zur Bildung des Futurs (**F**), oder selbständiges Verb
to become (**V**).

		P	F	V
1. Jutta ___*wird*___ am 1. März ___*achtzehn*___.		☐	☐	☒
2. Jutta _____ nicht mit Kaffee und Kuchen _____.		☐	☐	☐
3. Es _____ Rockmusik _____.		☐	☐	☐
4. Es _____ den ganzen Abend _____ _____.		☐	☐	☐
5. Man _____ Pizza _____ und Cola _____.		☐	☐	☐
6. Alkohol _____ nicht _____ _____.		☐	☐	☐
7. Die Party _____ ohne Bier auch _____ _____.		☐	☐	☐
8. Jutta _____ einige Leute _____.		☐	☐	☐
9. Beim Schreiben _____ Mark die Hände _____.		☐	☐	☐
10. Harold _____ krank _____.		☐	☐	☐

Übung 6 Was kann für die Umwelt getan werden?

Sehen Sie sich die Plakate an, dann beantworten Sie die Fragen, die Sie hören.

> Sie hören: Was soll mit Bomben gemacht werden?
> Sie sagen: Bomben sollen zerstört werden.

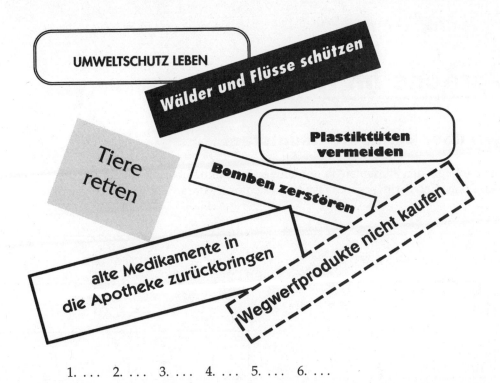

UMWELTSCHUTZ LEBEN

Wälder und Flüsse schützen

Plastiktüten vermeiden

Tiere retten

Bomben zerstören

alte Medikamente in die Apotheke zurückbringen

Wegwerfprodukte nicht kaufen

1. ... 2. ... 3. ... 4. ... 5. ... 6. ...

Übung 7 Was macht Ihre Familie am Wochenende?

Beantworten Sie die Fragen.

> Sie hören: Wird samstags lange geschlafen?
> Sie sagen: Ja, man schläft samstags lange.

1. ... 2. ... 3. ... 4. ... 5. ... 6. ...

The Present Participle

Übung 8 Immer mehr Demos

Heutzutage gibt es oft Demonstrationen. Warum demonstriert man? Beantworten Sie die Fragen. Benutzen Sie **wegen** + Genitiv.

> Sie hören: Warum demonstrieren die Bürger aus Göttingen?
> Sie sehen: Der Verkehr wächst.
> Sie sagen: Sie demonstrieren wegen des wachsenden Verkehrs.

1. Die Studiengebühren steigen.
2. Der Wald stirbt.
3. Die Aufrüstung nimmt zu.
4. Studienplätze fehlen.
5. Die Kosten der Altersversorgung steigen.
6. Die Zahl der Arbeitsplätze sinkt.

Sprache im Kontext

Meinungen über Berlin als Hauptstadt

Hören Sie, was die folgenden Studenten an der Universität Mainz über die Verlegung der Hauptstadt von Bonn nach Berlin sagen. Was finden sie positiv daran? Was negativ? Machen Sie eine Liste.

	DAS POSITIVE	DAS NEGATIVE
Mark		
Doris		
Steffi		
Patrick		

Answer Key

Einführung

Aktivität 1 B. Herr Temmer: Wien; Horst Daniels: Bonn; Inge Maas: Hamburg; Jörg Fischer: Stuttgart; Frau Kopmann: Berlin; Antje Franke: Leipzig; Herr Krüger: Dresden

Aktivität 2 4 komme 1 Tag 7 Bonn 2 Name 6 Sie 8 Frau 3 Lindemann 5 Berlin

Aktivität 4 1. DAS 2. RTL2 3. LTU 4. BASF 5. ZDF 6. BMW 7. WMF

Aktivität 5 1. Volkswagen 2. Levi Strauss 3. Lufthansa 4. Franz Beckenbauer 5. Scorpions
6. Hasenpfeffer 7. Kindergarten 8. Arnold Schwarzenegger 9. Sigmund Freud 10. Mercedes-Benz

Aktivität 6 A. 1. Dänemark-DK 2. die Niederlande-NL 3. Belgien-B 4. Deutschland-D 5. Polen-PL
6. Luxemburg-L 7. Tschechien-CZ B. 1. Slowakei 2. Frankreich 3. Österreich 4. Ungarn 5. Schweiz
6. Italien

Aktivität 7 1. Morgen 2. gute Nacht 3. Wiedersehen 4. Grüß dich 5. Tschüs 6. Tag

Aktivität 10 1. 40002 2. 64219 3. 09008 4. 44705 5. 78404 6. 04093

Aktivität 11 1. 18 2. 12 3. 17 4. 16 5. 11 6. 20 7. 15

Aktivität 14 1. Stefan: Ich habe eine Frage. 2. Anna: Wie sagt man *"interesting"* auf Deutsch?
3. Brigitte: Das weiß ich nicht. 4. Thomas: Haben wir Hausaufgaben?

Aktivität 16 German as official language: Belgien, Deutschland, Liechtenstein, Luxemburg, Österreich, die Schweiz. German spoken as a native language by a sizable minority of its inhabitants: Dänemark, Frankreich, Italien, Polen, Rumänien, Russland, Tschechien

Kapitel 1

Aussprache **Übung 1** 1. Mein Name ist Anton. 2. Guten Abend, Antje. 3. Wandern macht Spaß.

4. Manfred wohnt in Aachen.

Übung 2 1. Erika findet das Essen gut. 2. Herr Lehmann geht Tee trinken. 3. Das Wetter

in Celle ist heute schlecht. 4. Hat er viel Geld?

Übung 3 1. Ist das der Film von Wim Wenders? 2. Wie finden Sie die Schweiz? 3. Ich bin aus

Finnland. 4. Wie geht es dir? —Prima!

Übung 4 1. Mein Wohnort ist Rom. 2. Lothar hat ein großes Auto. 3. Er geht oft zur Post. 4. Morgen

kommt Frau Osterloh. 5. Herr Stock wohnt in Osnabrück.

Übung 5 1. Meine Mutter ist sehr ruhig. 2. Mein Bruder besucht Freunde in Ulm. 3. Alles Gute zum

Geburtstag, Helmut! 4. Das Kind ist gar nicht dumm. 5. Wie ist die Nummer? Zwei null sechs drei?

Wörter im Kontext **Aktivität 1** 1. Marianne; Bänninger; Österreich; Linz; Wien; 40; Chemikerin
2. Barbara; Müller; Deutschland; Dortmund; Freiburg; 35; Reporterin 3. Christian; Meier; Schweiz; Zürich;
Mannheim; 53; Professor

Aktivität 5   Steffi: Russisch;   Marina: Deutsch;   Frank: Informatik;   Anne: Spanisch

Aktivität 6   1. Susanne: sympathisch, nett; Bücher lesen, Musik hören; Partner: freundlich, treu   2. Monika: romantisch, treu; Filme sehen, Kochen; Partner: groß, romantisch   3. Stefan: groß, praktisch; Fotografieren, Zeitung lesen; Partner: romantisch, lustig   4. Heiko: lustig, tolerant; Diskutieren, Karten spielen; Partner: interessant, ruhig. Compatibility: *Answers will vary.*

Aktivität 7   1. du, 27, nett, Videospiele   2. 42, hübsch, 53, 50, Spaß macht   3. freundlich, 60, 70   4. Romantisch, jung, 1,85, interessant, 18, 25   5. 34, 1,75, sympathisch, treu   6. 22, 1,64, tolerant, Bücher, Musik

Grammatik im Kontext   Übung 1   1. die, sie   2. die, sie,   3. der, er   4. das, es   5. der, er   6. das, es

Übung 4   1. A: wir besuchen; B: bleiben wir   2. A: macht ihr; B: wir studieren; ich mache   3. A: machst du; B: ich studiere

Sprache im Kontext   B.   1. Josef received a Fulbright scholarship.   2. He lives on Martin-Luther-Straße.   3. The party is in Gonsenheim.   4. There will be music and dancing.   5. "Anne" is the name of the mutual friend.

Kapitel 2

Aussprache   Übung 1   1. Wir fahren nächstes Jahr nach Altstätten.   2. Hans fährt mit der Bahn nach Basel.   3. Die Universität hat achtzig Plätze für Ausländer.   4. Die Adresse ist Bärenstraße acht.   5. Die deutschen Städte haben viele schöne Gärten.

Übung 2   1. Doris sucht eine Wohnung—möbliert und möglichst zentrale Lage.   2. Toni fährt oft nach Österreich.   3. Das Sofa ist schön groß.   4. Wir hören zwölf neue Wörter.   5. Mein Mitbewohner ist immer fröhlich.

Übung 3   1. Wir brauchen noch fünf Stühle.   2. Die Butter ist in der Küche.   3. Die Studenten schlafen zwischen hunderttausend Büchern.   4. Natürlich sucht Uschi ein Buch für ihre Mutter.   5. Wann hast du die Prüfung? Um zwei Uhr?

Übung 4   1. Traumauto, teuer   2. Leute, Bayern   3. fleißig, schreiben   4. arbeitet, Verkäuferin, Kaufhaus   5. Liest, Zeitung

Alles klar?   1. Kirsten: a. „Studentenappartements";   2. Marco: d. „Ahlem/Stollenweg";   3. Mitbewohnerin: b. „Elgadsen/Zentrum";   4. Stefan und Michael: c. „Kirchrode"

Wörter im Kontext   Aktivität 2   1. DM 900; 2; —; ja; ja; 46 24 67   2. DM 250; 1; ja; —; —; 27 45 574   3. DM 700; 1; ja; —; ja; —   4. DM 2.000; 6; —; ja; —; 77 05 82

Aktivität 4   1. jetzt   2. Zimmer   3. klein   4. bequem   5. Bett   6. Schreibtisch   7. Bücherregal   8. Sessel   9. Lampe   10. Stuhl   11. Wecker   12. ruhig   13. preiswert   14. kostet

Aktivität 5   1. wandern   2. schreibt   3. spielt   4. tanzt   5. kocht   6. hören   7. arbeitet

Aktivität 6   Gerald: schläft gern; Andreas: schreibt gern Briefe; Frau Salloch: schwimmt gern

Grammatik im Kontext   Übung 2   A.   1. die Küche   2. das Bad   3. das Arbeitszimmer   4. der Garten   5. die Garage

Übung 5   1. habe   2. Haben   3. haben   4. sind   5. ist   6. habe   7. Haben   8. haben   9. ist

Sprache im Kontext   A. Kirsten: ein Zimmer; kleine Kochnische; DM 500; —; kocht gern   Marco: große Wohnung; eine Garage; DM 1.500; —; hat drei Kinder, Ingenieur von Beruf, hat einen neuen Mercedes   Mitbewohnerin: Zweizimmerwohnung; zentrale Lage, Küche und Bad; —; —; zieht mit ihrem Freund zusammen   Stefan und Michael: Dreizimmerwohnung; einen Balkon; —; DM 200; Wohnung ist zu klein   B. Kirsten: 1. 18,48 m²   2. DM 410   3. ja   4. Innerster Weg 12, Herrenhausen/Burg   Marco: 1. 4   2. ja   3. DM 1.300   4. ja   Mitbewohnerin: 1. 2½ Zimmer   2. DM 800   3. ja   4. (0511) 85 10 13   Michael 1. in Kirchrode   2. DM 1.350   3. 100   4. ja

Kapitel 3

Aussprache   Übung 5   1. Mein Vater fährt einen neuen Volkswagen   2. Frau Wagner wohnt jetzt in Weimar.   3. Unser Vetter wird nächste Woche zwanzig.   4. Jürgen geht für ein Jahr nach Japan.   5. Seine Schwester hat den Schlüssel.   6. Thomas liest ein Buch über Theologie in der Bibliothek.

Alles klar?   Halbbruder; Mutter; Stiefmutter; Vater

Wörter im Kontext   Aktivität 1   A and B. Großvater: Richard; Großmutter: Elisabeth; Onkel: Alfred; Vater: Bernhard; Mutter: Monika; Tante: Inge; Onkel: Jörg; Bruder: Jens; Vetter: Florian; Kusine: Tina   C.   1. Eltern   2. Professor   3. Mutter   4. keine   5. wohnen   6. Brude.   7. Architekt   8. Großeltern

Aktivität 3   A. Montag: mit Andreas in der Bibliothek arbeiten; Dienstag: Theater, bei Monika übernachten; Donnerstag: Vorlesung   B. Freitag: Kaufhaus; Samstag: Rockkonzert; Sonntag: mit Oma ins Restaurant

Aktivität 4   *Answers will vary.*

Aktivität 5   1. Beethoven: im Dezember   2. Goethe: im August   3. Mozart: im Januar   4. Einstein: im März   5. Luxemburg: im März   6. Schumann: im September   7. Dietrich: im Dezember   8. Luther: im November

Aktivität 8   1. Donnerstag   2. Mai   3. Geburtstag   4. wünsche   5. Geschenk   6. Unser   7. studiert   8. Wohnung   9. Onkel   10. August   11. Sommer   12. besuchen   13. Juni   14. heiratet   15. Familienfest   16. Grüße   17. Mann

Aktivität 9   *Answers will vary.*

Grammatik im Kontext   Übung 1   A. 1. ist relativ preiswert   2. hat eine große Küche   3. hat zwei Sessel   4. ist sehr groß   5. hat viel Platz

Übung 2   A. 1. das Buch   2. den Wagen   3. den Wecker   4. die Telefonnummer   5. den Garten   6. die Arbeit

Übung 3   1. A: du   B: ich/ihn   2. B: sie/es   3. B: er/sie   4. A: du   B: ich/sie   5. B: er/ihn   6. A: wir   B: wir/es

Übung 7   1. Susanne: Freitag/19, Hans: November/22   2. Klaus: Montag/25, Petra: Montag/21   3. Oma Hilde: März/90, Opa Robert: Januar/85

Übung 9   B. 1. Weihnachten   2. Schwester   3. Familie   4. Silvester   5. Mitbewohner

Sprache im Kontext   A. Johann Sebastian Bach: 21. März, 1685, Eisenach, Komponist; Maria Barbara: Mutter, keine Information, keine Information; Anna Magdalena: Stiefmutter, keine Information, keine Information; Johann Christian: Halbbruder, 5. September 1753, Leipzig

Kapitel 4

Alles klar?   1. Robert an der Brügge   2. Jetzt wird geheiratet   3. der Hund, Rocky   4. Susanne Imhof   5. 12 Jahre   6. Standesamtliche Trauung   7. Am 2. September 1994   8. Standesamt Weinsberg   9. Um 18.30 Uhr

Wörter im Kontext   Aktivität 7   B. Rolf: steht früh auf. Kai und Anne: gehen einkaufen. Sabine: liest die Zeitung. Stefan: geht ins Kino.

Grammatik im Kontext   Übung 1   1. hast   2. vor   3. gehe   4. tanzen   5. mit   6. kommen   7. vorbei   8. lade   9. ein   10. rufe   11. an   12. räume   13. auf

Übung 2   A. 1. einkaufen   2. Eltern anrufen   3. einschlafen   4. zurückkommen   5. anfangen

Übung 3   1. sollen   2. mag   3. will   4. darf   5. möchte, muss, muss   6. kann   7. will   8. muss   9. will

Sprache im Kontext   1. Donnerstag, halb acht abends   2. Freitag, vier Uhr   3. Freitag, acht Uhr   4. Sonntag, —   5. Samstag, zehn Uhr   6. Sonntag, —   7. Montag, —   8. Dienstag, —

Kapitel 5

Aussprache   Übung 4   1. Matze   2. Grüße   3. Fass   4. nütze   5. Kasse

Alles klar?   Herr Stüber: 1. Etage: Bikini für Helga; Frau Stüber: 1. Etage: Schuhe für sich selbst; 2. Etage: Krawatte und Hemd für Bruder; Andreas: 4. Etage: T-shirt; Erik: 4. Etage: T-shirt

Wörter im Kontext   Aktivität 5   1. Krawatte, —, blau   2. Baseballmütze, 58, rot   3. Pyjama, 42, lila / weiß   4. Badeanzug, 38, einfarbig / schwarz

Aktivität 7   A. ja: Brokkoli, Karotten, Kartoffeln, Gurke;   nein: Butter, Blumenkohl, Käse, Schinken   B. 1. ein Kilo, einen   2. frisch, teuer   3. fünf Kilo   4. Metzger   5. 8 Mark 45   6. 1 Mark 55

Aktivität 8   B. 1. Käse: 99 Pfennig für 100 Gramm   2. Joghurt: 98 Pfennig für 200 Gramm   3. Pfirsiche: 1,98 für ein Kilo   4. Weintrauben: 2,98 für ein Kilo.   5. Kaffee: 7,77 für 500 Gramm

Grammatik im Kontext   Übung 1   A.   1. den Kindern, die Mützen   2. Ihrem (meinem) Freund, den Anzug
3. Ihrem (meinem) Vater, den Mantel   4. den Studenten, die Krawatten   5. Ihrer (meiner) Schwester, das
Hemd   6. Ihrer (meiner) Mutter, die Bluse   7. Ihrer (meiner) Freundin, die Jeans

Übung 2   A.   1. passt   2. stehen   3. gefällt   4. schmeckt

Übung 4   1. helfen   2. gefällt   3. passt   4. steht   5. Gehört   6. dankt

Übung 5   1. aus   2. bei   3. zu   4. von   5. seit   6. vom   7. vom   8. nach   9. bei

Übung 10   1. dieser   2. Welchen   3. diesen   4. Der   5. Jeder   6. jede   7. Welche   8. Welche   9. Diese
10. die

Sprache im Kontext   1. Andreas, Tennisschuhe, 50 Mark   2. Erik, Hose, T-Shirt, 75 Mark   3. Papa, Bikini,
64 Mark   4. Mutti, Schuhe, 57 Mark

Kapitel 6

Aussprache   Übung 1   1. Trägst du lieber Röcke oder Kleider?   2. Wir müssen heute Brötchen, Käse, Obst

und Gemüse kaufen.   3. Wo kann man hier Anzüge und Hüte kaufen?   4. Zum Frühstück gibt's

gewöhnlich eine Schüssel Müsli mit Milch drüber.   5. Die Bekleidungsstücke hier sind nur für Mädchen.

Übung 3   1. müsste   2. kennen   3. helle   4. küssen   5. Mütter   6. bell

Übung 4   Satzbeispiele   1. Leider sind zu viele Zwiebeln in dieser Suppe.   2. Weiß Dieter, dass wir am
Dienstag heiraten?   3. Herr Fiedler muss am Freitag allein arbeiten.   4. Ist das Kleid gestreift oder kariert?
5. Ich genieße eine gemeinsame Mahlzeit mit den Mietern.

Alles klar?   Die Leute sollten ins Restaurant Mamma Afrika gehen.

Wörter im Kontext   Aktivität 1   Bistro Parisien: 18.00–2.00; Montag; original französische Gerichte
und Weine; populäre Chansons. Zille-Stuben: ab 16.00; kein Ruhetag; frisches Bier vom Fass; Dixieland.
Conti-Fischstuben: 12.00–24.00; Donnerstag; Fischspezialitäten, deutsche Spitzenweine; keine Information.
Tessiner-Stuben: 12.00–15.00, 18.00–22.00; keine Information; Schweizer Käsefondue; traditionelle Alpenmusik.

Aktivität 4   B.   Vorspeisen: Brokkolisuppe, Tomaten mit Mozzarella; Hauptgerichte: Wiener Schnitzel,
Hähnchen und Schweinebraten; Beilagen: Bratkartoffeln, Reis, chinesisches Gemüse; Nachspeisen:
Apfelkuchen, Eisbecher, Obstsalat

Aktivität 5   1. Guten Tag   2. einen Tisch für vier Personen   3. einen Tisch am Fenster/Fenstertisch
4. sind besetzt   5. ungefähr dreißig Minuten   6. neben der Bar   7. die Speisekarte

Aktivität 6   Gerichte: Jägerschnitzel, Gulasch mit Nudeln, Bockwurst mit Kartoffelsalat, Wiener Schnitzel;
Getränke: Bier, Apfelsaft, Cola

Aktivität 7   1. Stammlokal   2. empfehlen   3. der Bar   4. preiswert   5. hausgemacht   6. Die Bedienung
7. Kindertheater   8. Das Stück   9. morgen Abend   10. Karten

Grammatik im Kontext   Übung 1   2. ins Theater   3. auf die Post   4. an den Strand   5. ins Schwimmbad
6. auf die Bank   7. an den Fluss

Übung 4   A.   1. hinter die Theke   2. vor den Tischen   3. unterm Tisch   4. links neben dem Teller
5. neben die Kasse   6. in die Vasen   7. auf jedem Tisch   8. zwischen die Dame und den Herrn

Sprache im Kontext   Vorspeisen: Gemüsesuppe mit Reis, 5 Mark; gemischter Salat, 5 Mark;
Krabbencocktail, 5,50 Mark. Hauptspeisen: Mixed Grill, 25,00 Mark, gegrillte Bratwurst, 12,00 Mark,
Bayrisches Pilzgericht, 28,00 Mark. Beilagen: Bratkartoffeln, Reis, Pommes Frites, inklusive. Nachspeisen:
Eisbecher, 6,00 Mark, Käseplatte mit Obst, 8,00. Tischreservierung: Sonntag, 19 Uhr

Kapitel 7

Aussprache   Übung 2   1. durch   2. fescher   3. Fichte   4. Furche   5. keusche   6. Löcher

Wörter im Kontext   Aktivität 2   B.   Golf spielen, Tennis spielen, ein Boot mieten, Surfen

Aktivität 5   Stockholm: wolkig, Regenschauer, Wind, 8–10 Grad; München: sonnig, 12–22 Grad; Rom: sonnig,
20–28 Grad

Grammatik im Kontext   Übung 4   1. gemacht   2. gegangen   3. geblieben   4. geschrieben   5. waren
6. geschlafen   7. war   8. gesehen   9. gelesen   10. gefallen   11. waren   12. gespielt   13. gesprochen

Übung 6 1. habe 2. gesehen 3. habe 4. getrunken 5. habe 6. besucht 7. bin 8. geblieben
9. haben 10. angerufen 11. haben 12. eingeladen 13. bin 14. aufgestanden 15. habe
16. gefrühstückt 17. bin 18. gegangen 19. bin 20. gefahren 21. bin 22. geblieben 23. bin
24. gegangen

Übung 7 A. 1. tanzen 2. aufstehen 3. tragen 4. schreiben 5. sitzen 6. treffen B. 1. vor zwei
Tagen 2. am Sonntag 3. gestern 4. letzte Woche 5. gestern Nachmittag 6. am Wochenende

Sprache im Kontext A. 1. a. die Schweiz, Schweden. b. im Winter, im Sommer c. Skifahren d. 300 Mark
im Monat 2. weniger als 100 Mark im Monat 3. a. nein b. 7 Mark c. nicht so viel 4. a. P.M. Magazin,
der Spiegel, die Süddeutsche Zeitung, die Lokalzeitung, Musikfachzeitschriften b. mehr als 75 Mark im
Monat 5. a. Hamster, zwei b. höchstens 30 Mark im Monat 6. a. Monopoly b. (Ulrike) Inline-Skates,
(Tina) Tennisschläger c. 30 Mark im Monat 7. a. Inge b. Roberts Hochzeit, Kindern c. 20 Mark im Monat
8. a. Theater b. Stuttgart c. 60 Mark im Monat

Kapitel 8

Aussprache Übung 6 1. b 2. b 3. a 4. b 5. a

Wörter im Kontext Aktivität 3 Person A. 1,65m, schwarz, braun, groß, stark, breit, braun Person B.
1,90m, blond, blau, nicht groß, nicht sehr stark, nicht sehr breit, lang und dünn Person C. 1,70m, dunkel,
grün, keine Information, stark, breit, stark

Aktivität 5 *Possible answers*: 1. Trink heißen Tee mit Rum. 2. Nimm ein paar Aspirin. 3. Nimm ein
heißes Bad. 4. Trink einen Kräuterschnaps. 5. Trink Kamillentee. 6. Geh zum Arzt. 7. Leg dich ins Bett.
8. Nimm eine Baldriantablette.

Grammatik im Kontext Übung 1 *Possible answers*: 1. Ja, ich glaube, dass Kamillentee den Magen
beruhigt. 2. Ja, ich glaube, dass Orangensaft gut gegen Erkältung ist. 3. Ja, ich glaube, dass ein heißes Bad
gut gegen Stress ist. 4. Nein, ich glaube nicht, dass kalte Getränke den Magen verderben. 5. Ja, ich glaube,
dass Zucker die Zähne kaputt macht.

Übung 3 A. 1. macht er einen Spaziergang 2. macht sie Karate 3. geht er in die Sauna 4. liest sie
einen Krimi 5. trinkt sie eine Tasse Kaffee 6. fährt sie in die Alpen.

Übung 6 1. sich, beeilen 2. sich, angestrengt 3. interessieren, sich 4. sich, entspannen 5. sich, leisten

Übung 8 1. A. ihr, euch; B. wir, uns 2. A: ihr, euch 3. A. ich, mir 4. A. Mitbewohnerin, sich; B. ich,
mir 5. A. ihr, euch 6. A. meine Eltern, B. sich; wir, uns

Sprache im Kontext 1. Klavier 2. Legosteinen 3. Museen, Strand, Alpen, Österreich, Bergwanderungen
4. ganz spannend, recht gefährlich 5. Babys, super 6. Juli

Kapitel 9

Alles klar? 1. Zimmervermittlung 2. Publikationen 3. Reiseleitung für Gruppen 4. Souvenirs
5. Theaterkartenverkauf

Wörter im Kontext Aktivität 1 1. mit Dusche 2. mit Bad, ohne Dusche 3. ohne Dusche 4. mit Bad:
120 Mark pro Nacht, ohne Dusche: 85 Mark pro Nacht 5. einen Farbfernseher und Telefon

Aktivität 2 1. Einzelzimmer mit Dusche; etwas teurer, Innenstadt; eine Nacht 2. zwei Doppelzimmer; nicht
sehr teuer; nahe am Meer; zwei Wochen 3. Doppelzimmer mit Bad; 60–80 Mark; Harz/nahe an den
Wanderwegen; eine Woche

Aktivität 3 vier Nächte; Einzelzimmer; mit Bad; 2. Stock; 224; im Frühstücksraum im Erdgeschoß, 7–10.30;
ja; morgen

Aktivität 4 Im Zimmer: Fernseher, Fernbedienung, Telefon Im Hotel: Etagenbad, Faxservice,
Kopierservice, Restaurants

Aktivität 6 1. liegt 2. nicht weit von 3. Auskunft 4. Entschuldigung 5. zu Fuß 6. links
7. Kreuzung 8. links 9. rechts 10. geradeaus 11. Friedhof 12. Park

Grammatik im Kontext Übung 2 1. der Stadt 2. der Fußgängerzone 3. der vielen Ampeln
4. der Fahrt 5. der Stadt 6. der Kinder 7. der Fußgängerzone, der Pension 8. ihrer Ferien

Übung 3 1. en 2. e 3. en 4. en 5. en 6. en 7. en 8. e 9. en 10. en 11. e 12. e 13. es

Übung 7 (Alte Kanzlei) 1. er 2. e 3. en 4. en 5. es 6. e 7. e (Hotel Doktor-Weinstuben) 8. en 9. e 10. er 11. er 12. em 13. en (Hotel Binz) 14. en 15. e 16. es 17. e 18. e 19. en 20. en 21. en 22. en 23. en 24. em 25. en

Sprache im Kontext 1. a. 1985 b. die Kulturminister der Europäischen Union 2. a. Lucas Cranach b. Johann Sebastian Bach c. Johann Wolfgang von Goethe d. Friedrich Schiller e. Franz Liszt f. Richard Strauß g. Walter Gropius 3. Deutschen Klassik 4. a. 250. b. 240. c. 80 d. 80 5. Konzentrationslager Buchenwald 6. a. Goethehaus am Frauenplan b. Goethes Gartenhaus im Park an der Ilm c. Schillerhaus d. Nietzsche-Archiv e. Zentralbibliothek der Deutschen Klassik

Kapitel 10

Alles klar? A. Gespräch 1: Academía Atlantika (Spanisch lernen direkt am Atlantik) Gespräch 2: Lahn Tours (suchen + buchen) Gespräch 3: cultura

Wörter im Kontext Aktivität 2 *Possible answers*: 1. Ich nehme Wanderschuhe und einen Rucksack mit. 2. Ich nehme einen Kassettenrekorder, ein Notizheft und ein Lexikon mit. 3. Ich packe ein Buch, Sonnencreme, einen Badeanzug und ein Abendkleid in meinen Koffer. 4. Ich packe Sonnencreme, einen Rucksack, Skier und warme Kleidung und Schuhe ein. 5. Ich nehme einen Reiseführer-USA, bequeme Schuhe, eine Sonnenbrille und ein Lexikon mit.

Aktivität 3 B. 2. liest viel, erholt sich 3. ein Buch, Sonnencreme, eine Sonnenbrille 4. in die Alpen 5. läuft Ski 6. warme Kleidung, Skier 7. nach New York 8. eine Stadtrundfahrt 9. den Reiseführer-USA, bequeme Schuhe

Aktivität 5 1. Segelkurs für Anfänger und Fortgeschrittene; Spitzen-Hotel; zwei Wochen; 1600 DM 2. London; bei englischen Familien; sechs Wochen; 2100 Mark 3. Schweden; Expedition; Juni bis August; 2445 Mark 4. Schweiz; Wanderurlaub; Jugendherberge; 680 Mark

Aktivität 6 1. Familie Huber will dieses Jahr nach Italien an die Adria fahren. 2. Thomas will mit ein paar Freunden eine Radtour durch Österreich machen. 3. Sie ist nicht damit einverstanden. Thomas ist zu jung, und das ist zu unsicher. 4. Er will in einem Zelt oder in der Jugendherberge übernachten. 5. Fast alle Schüler in Thomas' Klasse dürfen ohne ihre Eltern Urlaub machen. 6. Er findet, Thomas soll mit der Familie im Auto nach Italien fahren. 7. *Answers will vary.*

Aktivität 7 1. Fahrkarte 2. Großeltern 3. IC 4. Zuschlag 5. Zug 6. Gleis 7. Stunde 8. umsteigen

Aktivität 9 1. Leipzig 2. drei 3. einsteigen 4. Türen, Abfahrt 5. Gleis

Grammatik im Kontext Übung 3 1. billiger, Bahn 2. günstiger, Jugendherberge 3. bequemer, Hotel 4. schneller, Autobahn 5. länger, die Donau 6. gesünder, Müsli 7. gemütlicher, Teehaus

Übung 7 1. billigste 2. größte 3. billiger 4. frischer 5. preiswerteste 6. gemütlichste 7. billigsten 8. älteste

Übung 10 1. war 2. starb 3. hatten 4. brauchte 5. heiratete 6. fing 7. musste 8. durfte 9. schlief 10. lag 11. hieß 12. feierte 13. sollten 14. suchte 15. zogen 16. sagte 17. gingen 18. bekam 19. fuhr 20. tanzte 21. lief 22. verlor 23. fand 24. sprach 25. gehörte 26. brachte 27. *Cinderella*

Sprache im Kontext A. 1. tor 2. 30, 36 3. hellgelb 4. schwarz 5. 1230 6. Turm 7. ersten Stock, Leiter 8. Bürgerhaus 9. 1818 10. zweimal 11. 67, 30 12. Die Fenster 13. 20 000 14. Steintreppen

Kapitel 11

Wörter im Kontext Aktivität 1 A. Linda: möchte im Ausland studieren, hohes Gehalt nicht so wichtig Matthias: wichtig, dass er nette Kollegen und einen guten Chef hat. Heidi: will Schauspielerin werden. Karl: sehr wichtig, dass er viel Geld verdient; nicht wichtig, was er macht; gut wäre, wenn die Arbeit interessant wäre B. 2. Linda hat in der Schule am liebsten Fremdsprachen gelernt. 3. Matthias hat oft seinen Mitschülern geholfen. 4. Heidi hat in der Schule sehr oft und sehr gern Theater gespielt. 5. Karls Familie hat nie genug Geld gehabt.

Aktivität 2 1. Automechaniker 2. liebt Autos B. 3. Maler 4. malt gern 5. Fremdsprachensekretärin 6. spricht Französisch, Englisch und Russisch

Aktivität 6 erwünschte Eigenschaften: weltoffen, kommunikativ, gerne moderne Dienstleistungen erfüllen; Alter: 21–28; Ausbildung: mittlere Reife; Berufserfahrung erwünscht: ja; Fremdsprachenkenntnisse: Englisch, auch Spanisch, Portugiesisch, Französisch oder Italienisch; Gesundheitszustand: gut; Gewicht: kein Übergewicht; Ausbildungszeit: 7 Wochen; Wann kann man sich bewerben? jederzeit

Aktivität 7 1. Abitur 2. studiert 3. Geld 4. beworben, Vorstellungsgespräch 5. abwechslungsreich 6. Germanistik 7. Arbeitsamt 8. studieren

Grammatik im Kontext Übung 2 2. Er wird Monika anrufen und ihr seine Situation erklären. 3. Er wird seine Mutter um das Geld bitten. 4. Sie wird ihren Chef um einen Vorschuss bitten. 5. Frau 2 wird den Hausdetektiv anrufen, und Frau 1 wird den Mann im Auge behalten. 6. Er wird zu ihr fahren und sich entschuldigen.

Übung 4 2. Studenten, die 3. CD-Spielern, die 4. Bundeskanzler Kohl, dessen. 5. Leuten, die 6. Jugendlichen, die

Übung 8 1. zwei alte Schulfreunde 2. ein renovierter Altbau in der Innenstadt 3. ein nettes Café, ein teures Restaurant, schicke Boutiquen 4. das neueste Modell von Macintosh 5. supermoderne Möbel aus Schweden 6. ein VW Golf

Sprache im Kontext 1. Fast zwei Millionen 2. vierzehn Semester 3. fünf Jahre 4. überfüllt 5. steigt 6. enger 7. acht 8. Praxis

Kapitel 12

Wörter im Kontext Aktivität 2 Karin: 390 Mark, keine Information, Job; Betty: Studentenheim, inbegriffen; Mark: Studentenheim, 180 Mark, Stipendium, / Eltern

Aktivität 3 1. Eltern 2. pleite 3. Miete 4. Nebenkosten 5. 200 Mark 6. ausgeben 7. während 8. Kurse 9. Studentenkneipe 10. kaputt gegangen 11. leihen 12. bestimmt 13. zurück 14. Sparkonto

Aktivität 4 B. Ausstattung der Küche: Geschirr, Gläser, Kaffeemaschine, Spülmaschine; Balkon: Blick auf die Berge; Couch: neue Doppelschlafcouch; Garage: für Gäste; Geschoss: im Dachgeschoss; Größe: 90 qm; Herrn Schneiders Interesse: auf dem Balkon sitzen und lesen; Keller: die Wanderschuhe abstellen

Aktivität 5 B. 2. in der Nähe der Uni 3. nette Mitbewohner, ihre Katze, Platz für viele Bücherregale 4. Neubauwohnung 5. außerhalb der Stadt 6. Spielplatz für seine Kinder, gute Verkehrsverbindungen, nicht zu hohe Mietkosten

Aktivität 6 Angebot 1: 1. Innenstadt 2. Küche, Diele, Bad 3. Charme 4. Nebenkosten 5. Studenten Angebot 2: 1. Wohngemeinschaft 2. Raucher 3. Katzen, Hunde 4. Neubau 5. 350 Mark 6. Nebenkosten Angebot 3: 1. Haus, Land 2. Umgebung 3. Garten, Garage 4. 1. August

Aktivität 7 A. 10, 5, 3, 1, 9, 7, 11, 4, 2, 8, 6

Grammatik im Kontext Übung 3 1. ärgert sich über: die Krankenversicherung ist zu teuer; freut sich über: es geht ihm und seiner Familie gut 2. ärgert sich über: alle Geschäfte machen um halb sieben zu; freut sich über: ihre Kinder bekommen gute Noten in der Schule 3. ärgert sich über: sie muss zwei oder drei Jahre auf einen Studienplatz warten; freut sich über: sie hat endlich einen Wagen

Übung 8 A. 1. e 2. h 3. a 4. d 5. g 6. b 7. f

Sprache im Kontext A. Alexandra: 75 Mark im Monat; Kino, einkaufen, Kneipe, Geburtstagsgeschenke, Wolle für Strickarbeit; keine Information; Babysitting, trägt Zeitungen aus Albrecht: 150 Mark im Monat; alles für seine Hobbys, Filme, Kino, Geschenke, CDs, Essen, Stifte, Hefte; Schulbücher; hat keinen Job Maria: 25 Mark im Monat; keine Information; alles, zum Beispiel Kino; Türklinken verpacken Jochen: 20 Mark in der Woche; Kino, Eis, Bier; Kleidung, was er für die Schule braucht; verschickt Kataloge beim Reisebüro

Kapitel 13

Alles klar? 1. Kirchen geben vier Millionen für Wiederaufbau in Somalia 2. Jeder zweite Zuschauer sitzt ganz alleine vor dem Bildschirm 3. Planeten im August 4. Schnupfen, husten: Die Wartezimmer der Ärzte sind voll

Wörter im Kontext Aktivität 1 1. 3. Oktober 1990 2. Die meisten Bürger der DDR sahen lieber Westfernsehen als ihr eigenes DDR-Fernsehen. 3. Serien wie „Dallas", „Denver-Clan" oder die „Tagesschau" 4. Nicht im ganzen Gebiet der DDR 5. ARD und ZDF begannen, ihre Programme überall in der ehemaligen DDR auszustrahlen. 6. Die DDF stellte ihre Sendungen ein. 7. nicht so positiv 8. Die Fernseh- und Rundfunkgebühren waren doppelt so teuer.

Aktivität 2 Krimis: Martina, Frank; Quizsendungen: Franks Vater und Mutter; Sportsendungen: Frank, Franks Vater; Diskussionssendungen: Martina, Frank

Aktivität 6 A. 1. aus Kalifornien 2. Informatik 3. Folksongs, Rock, Blues, Jazz und experimentelle Musik. 4. a. Soundkarte b. Modem c. Terminal-Programm d. Internetanschluss 5. der Informatik-Lehrer

Aktivität 7 B. Gabriel: mag spannende Filme Evelyn: „Man nannte ihn Kelly", einen amerikanischen Western; mag alle Western Olaf: Die Sportreportage; mag alle Sportsendungen

Grammatik im Kontext Übung 1 1. morgen Nachmittag zu dem kleinen Haus nach Kirchheim fahren. 2. mit Herrn Wagner von der Bank sprechen. 3. die Reihenhäuser modernisieren lassen. 4. ein Geschenk für den Sohn kaufen. 5. die Eigentumswohnungen nicht zu zeigen. 6. Herrn Wagner nicht anzurufen. 7. die Verträge nicht zu unterschreiben 8. nicht nach Konstanz zu fahren

Übung 3 1. versucht 2. anzurufen 3. versprochen 4. vorbeizukommen 5. zu sein 6. fahren wollen 7. loszufahren 8. zu informieren 9. zu warten 10. wegzufahren 11. zu machen 12. gehen 13. zu arbeiten 14. zu latschen 15. zu arbeiten 16. anlegen 17. zu trinken 18. zu vergessen

Übung 4 1. Er bereut, sein Interview so früh haben zu wollen. 2. Es ist für ihn schwierig, aus dem Bett zu steigen. 3. Lorenzo schlägt vor, eine kurze Tour in die Berge zu machen. 4. Der Reporter findet es schön, an die frische Luft zu kommen. 5. Es macht Lorenzo Spaß, die scharfen Kurven schnell zu fahren. 6. Es macht dem Reporter keinen Spaß, so schnell zu fahren. 7. Er versucht, den Esel von der Straße zu ziehen. 8. Er muss bremsen, um dem Tier auszuweichen. 9. Der Esel entscheidet sich, sich auf den Straßenrand zuzubewegen. 10. Sie beschließen, eine kurze Pause zu machen. 11. Sie haben keine Zeit, was zu essen. 12. Lorenzo verspricht, beim Abendessen seine Lebensgeschichte zu erzählen.

Sprache im Kontext A. 1. b 2. j 3. kein Ereignis 4. h 5. kein Ereignis 6. b 7. k 8. kein Ereignis 9. e 10. b 11. kein Ereignis 12. i 13. k B. 1. kühle, trockene Luft 2. heller, stärker bewölkt, vereinzelt Schauer 3. 21 Grad, viel Sonne 4. 11 Grad

Kapitel 14

Alles klar? A. 1. 23. 2. 1986 3. 130 000 4. jünger 5. 33, 5, 2, 3, 4 6. U-Bahn B. a. 5 b. 7 c. 3 d. 2 e. 1 f. 8 g. 4 h. 6

Wörter im Kontext Aktivität 3 für: weniger Unfälle; weniger Staus; andere Länder haben auch ein Tempolimit gegen: es ist schön, schnell zu fahren; man ist schneller am Ziel; mit einem Tempolimit hat man weniger Freiheit; schnelle Autos haben ein gutes Image im Ausland

Aktivität 5 A. ja: Gemüse- und Obstreste, Kaffeefilter, Teekraut, zerdrückte Eierschallen, Schnittblumen nein: gekochte Essensreste, Brot, Fisch- und Käseabfälle

Aktivität 6 B. Herr Meyer: Umschulungsprogramme Marlene: Smog; autofreie Tage Robert: AIDS; mehr Forschung

Grammatik im Kontext Übung 1 A. 1. Emil Molt 2. 70 Jahre 3. Rudolf Steiner 4. Die sozialen Chancen der Kinder sollten verbessert werden 5. über 400 C. Vorteile: Man lernt wegen der Sache; Fächer wie Kunst, Theater und Musik werden stark gefördert Nachteile: zu wenig Druck; im Bereich der Politik wird zu wenig getan; Fächer dürfen nicht gewählt werden.

Übung 5 2. wird, feiern; F 3. wird, geben; F 4. soll, getanzt werden; P 5. wird, essen, trinken; F 6. darf, getrunken werden; P 7. wird, Spaß machen; F 8. wird, anrufen; F 9. werden, müde; V 10. ist, geworden; V

Sprache im Kontext Mark: (das Positive) die Hauptstadt rückt in den Osten, Berlin ist die lebendigste Stadt in Deutschland. (das Negative) zu teuer; Doris: (das Positive) Bonn als Hauptstadt provisorisch, Berlin hat Theater, Museen, ist besser geeignet als Hauptstadt; Steffi: (das Positive) Berlin ist ein kulturelles Zentrum und die historischste und interessanteste Stadt Deutschlands. (das Negative) Einige Regierungsprogramme könnten in Bonn bleiben. Patrick: (das Positive) Berlin ist wichtig, Keiner mag Bonn. (das Negative) Berlin war 1939 Hauptstadt (unter Hitler), Verlegung zu teuer.